Gymnasium Bayern

Nouvelle édition

Vokabeltaschenbuch

5

AF196114

Vokabeltrainer-App

Verfügbar für: iOS, Android und Windows Phone

Cornelsen

~   Die Tilde bezeichnet die Lücke, in die du das neue Wort einsetzen sollst.

$\sim^1$ Die Fußnote nach der Tilde zeigt dir an, dass du auf die Angleichung des Wortes achten musst.
Die richtige Lösung findest du in dem grauen Streifen **am Ende jedes *Volets***.

❗   Das Ausrufezeichen macht dich auf eine Besonderheit aufmerksam.

=   Hier findest du ein Wort mit gleicher Bedeutung.

≠   Hier findest du das Gegenteil des Wortes.

→   Hinter diesem Pfeil findest du ein Wort, das zur gleichen Familie gehört und das du schon gelernt hast.

▶ ◀   Lernwortschatz aus den Hörtexten

🇬🇧   Englisches Wort, das dem französischen Wort ähnlich ist.

▶ *Civilisation*: In deinem Buch, S. 152–156 findest du Informationen zu dem Begriff.

▶ *Verbes*: In deinem Buch, S. 157–163 findest du die Konjugation des Verbs.

⁽ᵉ⁾ So gekennzeichnete Verben bilden das *passé composé* mit *être*.

f.: *féminin*/feminin (weiblich)
m.: *masculin*/maskulin (männlich)
sg./Sg.: *singulier*/Singular (Einzahl)
pl./Pl.: *pluriel*/Plural (Mehrzahl)
qc/etw.: *quelque chose*/etwas
qn/jd/jdn/jdm: *quelqu'un*/jemand/jemanden/jemandem
pers./Pers.: *personne*/Person
adj.: *adjectif*/Adjektiv
fam.: *familier*/umgangssprachlich
inf.: *infinitif*/Infinitiv

le portrait [ləpɔrtrɛ]	das Porträt	J'ai photographié toute ma famille pour avoir leurs ~[1].
la génération [laʒeneʀasjõ] 🇬🇧 generation	die Generation	Mes amis et moi, nous avons le même âge. Nous sommes de la même ~.
la priorité [lapʀijɔʀite] 🇬🇧 priority	die Priorität, der Vorrang	L'école n'est pas très importante pour moi. J'ai d'autres ~[2].
la vie quotidienne [lavikɔtidjɛn]	der Alltag	Qu'est-ce qui est le plus important dans ta ~?
le loisir [ləlwaziʀ] 🇬🇧 leisure	die Freizeitbeschäftigung	Mon ~ préféré, c'est faire du tennis.
les loisirs [lelwaziʀ] *m. pl.*	die Freizeit	Quand je préparais mon bac, je n'avais plus de ~[3].
(ê) **s'informer (sur qn/de qc)** [sɛ̃fɔrme] → l'information	sich informieren (über jdn/etw.)	Je surfe sur Internet pour ~[4].

(é) **se divertir** [sədivɛʀtiʀ]	sich unterhalten, sich amüsieren	Le soir, beaucoup de gens regardent la télé pour ~.
communiquer (avec qn) [kɔmynike] 🇬🇧 to communicate	(mit jdm) kommunizieren	Les nouvelles technologies offrent différentes façons de ~.
les 15 à 24 ans [lekɛ̃zavɛ̃tkatʀɑ̃]	die 15- bis 24-Jährigen	Les ~ préparent leur avenir professionnel.
avant tout [avɑ̃tu]	vor allem	~, j'aimerais dire merci à ma famille et mes amis.
le diplôme [lədiplom] 🇬🇧 diploma	der Abschluss, das (Abschluss-)Zeugnis	Il a reçu son ~ hier.
avoir qc en poche [avwaʀɑ̃pɔʃ]	*hier:* etw. bestanden haben	L'année prochaine, quand j'~ mon bac ~⁵, je ferai le tour du monde.
l'emploi [lɑ̃plwa] *m.*	die Arbeitsstelle	Laure cherche un ~ dans le domaine de la télévision.
stable [stabl] *m./f. adj.*	stabil, fest	Attention, cette chaise n'est pas très ~.

indépendant/indépendante [ɛ̃depɑ̃dɑ̃/ɛ̃depɑ̃dɑ̃t] *adj.* 🇬🇧 independent	unabhängig	Il n'a besoin de personne. Il est ~[6].
financièrement [finɑ̃sjɛʀmɑ̃] *adv.*	finanziell	~, l'entreprise va bien.
le logement [ləlɔʒmɑ̃]	die Wohnung, die Unterkunft	Elle a trouvé un ~ à Paris.
être en couple [ɛtʀɑ̃kupl]	in einer Beziehung sein	Sarah et moi, nous ~[7] depuis trois ans.
l'identité [lidɑ̃tite] *f.* 🇬🇧 identity	die Identität	Personne ne connaît ma vraie ~.
le marché du travail [ləmaʀʃedytʀavaj]	der Arbeitsmarkt	– Tu penses trouver un emploi? – Cela dépend du ~.
à part ça [apaʀsa] *fam.*	davon abgesehen, ansonsten	J'ai un examen demain. ~, tout va bien.
la valeur [lavalœʀ] 🇬🇧 value	der Wert	Mon frère et moi, nous n'avons pas les mêmes ~[8].
dépendre de qn/qc [depɑ̃dʀdə] 🇬🇧 to depend	von jdm/etw. abhängen, abhängig sein von jdm/etw. *wird wie* attendre *konjugiert* ▶Verbes, p. 158	– Qu'est-ce que vous faites ce week-end? – Ça ~[9] du temps.

le milieu [ləmiljø]	die Mitte, das Umfeld	Mon père a grandi dans un ~ très pauvre.
social/sociale/⚠ sociaux *m. pl.* [sɔsjal/sɔsjo] *adj.* 🇬🇧 social	sozial	La structure ~[10] change: il y a moins de naissances que pendant les années 1950.
le milieu social [ləmiljøsɔsjal]	das soziale Umfeld	Le développement d'un enfant aussi dépend de son ~.
appartenir à qn/qc [apartəniʀa]	jdm gehören, etw. angehören *wird wie* venir *konjugiert* ▶ Verbes, p. 162	Je fais très attention à ce vélo. Il était à mon père et maintenant il m'~[11].
rassurer qn [ʀasyʀe]	jdn beruhigen	J'essaie de ~ mon petit frère quand il a peur.
(ê) **se définir par qc** [sədefiniʀpaʀ]	sich über etw. definieren *wird wie* réagir *konjugiert* ▶ Verbes, p. 158	Madeleine ~[12] surtout par ses vêtements chers.
le point commun [ləpwɛ̃kɔmœ̃]	die Gemeinsamkeit	Laura et Sara ont beaucoup de ~[13].
affirmer (qc) [afiʀme]	(etw.) betonen, (etw.) behaupten	Le professeur ~[14] que l'examen de demain ne sera pas difficile ...

l'engagement [lɑ̃gaʒmɑ̃] *m.*	das Engagement, die Verpflichtung	L'~ social de Patrick impressionne ses professeurs.
la société [lasɔsjete] 🇬🇧 society → social	die Gesellschaft	Nous ne vivons pas seuls, nous vivons en ~.
concrètement [kɔ̃kʀɛtmɑ̃] *adv.*	konkret	Il ne faut pas parler pendant des heures, il faut agir ~.
voter [vɔte]	wählen *Politik*	Si tu veux changer quelque chose, va ~!
la pétition [lapetisjɔ̃]	die Petition, die Unterschriftensammlung	N'oublie pas de signer la ~ contre les cours le samedi!
la manifestation [lamanifɛstasjɔ̃]	die Demonstration	Samedi, Fouad et Christelle vont participer à une ~.
le parti (politique) [ləpaʀti] 🇬🇧 political party	die Partei	Quel ~ t'intéresse le plus?
l'association [lasɔsjasjɔ̃] *f.* 🇬🇧 association	die Organisation, der Verein	Nous avons fondé une ~ contre le harcèlement.

l'ONG (Organisation Non Gouvernementale) [loɛnʒe] *f.*	die Nichtregierungsorganisation (NRO *oder* NGO)	J'aimerais faire un stage dans une ~ l'année prochaine.
concret/concrète [kɔ̃krɛ/kɔ̃krɛt] *adj.*	konkret	Il nous faut plus d'informations ~15.
ainsi [ɛ̃si]	so, auf diese Weise	C'est mieux ~.
actif/active [aktif/aktiv] *adj.*	aktiv	Ma grand-mère est encore très ~16.
l'éducation [ledykasjɔ̃] *f.* 🇬🇧 education	die Erziehung, die Bildung	Elle a reçu une bonne ~.
ainsi que [ɛ̃sikə] = et	und auch, sowie	Je voudrais dire «merci» aux enfants ~17 à leurs parents.
l'environnement [lɑ̃virɔnmɑ̃] *m.* 🇬🇧 environment	die Umwelt, das Umfeld	Il faut protéger l'~.

1 portraits 2 priorités 3 loisirs 4 m'informer 5 aurai mon bac en poche 6 indépendant 7 sommes en couple 8 valeurs 9 dépend/dépendra 10 sociale 11 appartient 12 se définit 13 points communs 14 affirme 15 concrètes 16 active 17 ainsi qu'

(è) **s'allumer** [salyme]	aufleuchten, angehen	La télé ~[1] toute seule!
confirmer qc [kɔ̃firme] 🇬🇧 to confirm	etw. bestätigen	Pouvez-vous me ~ cette information?
rejoindre qn [Rəʒwɛ̃dR]	jdn treffen, jdn einholen *wird wie* craindre *konjugiert* ▶ *Verbes, p. 159*	Je ne suis pas encore prêt. Je vous ~[2] dans dix minutes.
sage [saʒ] *m./f. adj.*	artig, brav, *auch:* weise	Le petit a été très ~ toute la soirée.
exiger qc [ɛgziʒe]	etw. verlangen, etw. fordern	Les élèves ~[3] des heures de cours plus courtes.
désirer qc [deziRe]	etw. wünschen, etw. begehren	On ne reçoit pas toujours ce qu'on ~[4].
être désolé/désolée (de qc) [ɛtRdezɔle]	(etw.) leid tun, (etw.) bedauern	Je ~[5], mais tu ne pourras pas participer à l'échange scolaire cette année.
satisfaire qn [satisfɛR]	jdn zufrieden stellen, jdn befriedigen *wird wie* faire *konjugiert* ▶ *Verbes, p. 160*	Je veux faire ce que je veux et pas seulement ~ les autres.

fou/folle de rage [fu/fɔldəʀaʒ]	rasend vor Wut	Estelle est rentrée tard. Ses parents étaient ~6.
(é) **se retourner** [səʀətuʀne]	sich umdrehen	Ma mère ~7 pour voir où était mon petit frère.
(é) **se mettre à** [səmɛtʀa] + *inf.* = commencer à	anfangen etw. zu tun, mit etw. anfangen	Il y a un an, Lou ~8 apprendre le chinois.
mou/molle [mu/mɔl] *adj.*	weich	Ma pomme est trop ~9.
le voisin / la voisine [ləvwazɛ̃/lavwazin]	der/die Nachbar/in	Notre ~10 garde notre chat quand on n'est pas là.
souhaiter qc [swete]	sich etw. wünschen, etw. hoffen	Je ~11 que tous les élèves soient à l'heure.
le raté / la ratée [ləʀate/laʀate] *fam.*	der/die Versager/in	Ne me dis plus jamais que je suis un ~!
l'adulte [ladylt] *m./f.* 🇬🇧 adult ≠ l'enfant	der/die Erwachsene	Le monde des ~12 n'est pas toujours drôle.

le pire / la pire [ləpiʀ/lapiʀ] *adj.*	der/die/das schlimmste *Superlativ zu* mauvais/mauvaise	C'était la ~ journée de ma vie!
la remarque [laʀəmaʀk]	die Anmerkung, der Kommentar	J'attends vos ~[13].
j'ai failli [ʒefaji] + *inf.*	ich hätte/wäre fast	Quelle horreur! ~[14] perdre mon porte-monnaie.
avoir failli [avwaʀfaji] + *inf.*	etw. beinahe getan haben, kurz davor gewesen sein, etw. zu tun	L'an dernier, mes parents ~[15] aller en Chine.
le contraire [ləkɔ̃tʀɛʀ] 🇬🇧 contrary	das Gegenteil	Tout à l'heure, tu m'as dit le ~.
posséder qc [posede]	etw. besitzen, über etw. verfügen	La plupart des gens ~[16] trop de choses.
la force [lafɔʀs] 🇬🇧 force	die Kraft, die Gewalt	Je n'ai plus la ~ de continuer.
la justice [laʒystis] 🇬🇧 justice	die Gerechtigkeit	
défendre qn/qc [defɑ̃dʀ] 🇬🇧 to defend	jdn/etw. verteidigen, jdn/etw. schützen *wird wie* attendre *konjugiert* ▶ *Verbes, p. 158*	Il faut savoir ~ ses idées.

en vouloir à qn [ɑ̃vulwaʀa]	jdm böse sein	Hier, Robert s'est moqué de Nadja. Elle lui ~[17] encore.
la prépa *fam.* / **la classe préparatoire** [lapʀepa/ laklaspʀepaʀatwaʀ]	*Vorbereitungskurs für die Aufnahme an einer Elitehochschule* ▶ *Civilisation, p. 156*	
la grande école [lagʀɑ̃dekɔl]	französische Elitehochschule ▶ *Civilisation, p. 156*	
la colère [lakɔlɛʀ]	die Wut, der Wutanfall	Les ~[18] de son père sont terribles.
le silence [ləsilɑ̃s] 🇬🇧 silence	das Schweigen, die Stille	Je déteste le ~. Ça me fait peur.
bosser [bɔse] *fam.*	arbeiten, büffeln	Non, je ne peux pas venir avec vous, je dois ~ pour l'interro de maths.
craquer [kʀake] *fam.*	zusammenbrechen, aufgeben	Un jour, Laurent a ~[19] et il a mangé trois tablettes de chocolat.
souffrir (de qc) [sufʀiʀ]	(an/unter etw.) leiden *wird wie offrir konjugiert* ▶ *Verbes, p. 158*	Il ~[20] des colères de son père.
vivre en colocation [vivʀɑ̃kɔlɔkasjɔ̃]	in einer WG (Wohngemeinschaft) leben	Plus tard, Nora veut ~.

c'est pas gagné [sepagaɲe] *fam.* → gagner	*hier:* das ist noch lange nicht geschafft	Je voudrais faire des études de médecine, mais avec mes notes, ~.
le scooter [ləskutœʀ]	der Motorroller	Sophie prend souvent son ~ pour aller à l'école.
devoir qc à qn [dəvwaʀ]	jdm etw. schuldig sein, etw. schulden	Je te ~[21] encore cinq euros.
(é) se remettre de qc [səʀəmɛtʀdə]	über etw. hinwegkommen	Fanny était malade le week-end dernier mais elle ~ vite ~[22].

1 s'allume   2 rejoins   3 exigent   4 désire   5 suis désolé/désolée   6 fous de rage   7 s'est retournée
8 s'est mise à   9 molle   10 voisine   11 souhaite   12 adultes   13 remarques   14 J'ai failli   15 ont failli
16 possèdent   17 en veut   18 colères   19 craqué   20 souffre   21 dois   22 s'en est vite remise

Unité 1 | Volet 2

la cité [lasite]	die (Hochhaus-)Siedlung, der Block	J'habite une ~ qui est à dix minutes de Paris.
la banlieue [labɑ̃ljø]	die Vorstadt, der Vorort	J'ai grandi en ~ parisienne.
car [kaʀ]	denn	

être confronté / confrontée à qn/ qc [ɛtʀkɔ̃fʀɔ̃tea]	mit jdm/etw. konfrontiert sein	Quand on regarde le journal, on est souvent ~¹ des images fortes.
la pauvreté [lapovʀəte] 🇬🇧 poverty → pauvre	die Armut	La famille s'est installée en France. Elle était partie à cause de la ~.
le chômage [ləʃomaʒ]	die Arbeitslosigkeit	Le ~, c'est difficile parce qu'on n'a pas beaucoup d'argent.
la Villeneuve [lavilnøv]	Stadtteil von Grenoble	
Grenoble [gʀənɔbl]	Stadt im Südosten Frankreichs	
l'Algérie [lalʒeʀi] *f.*	Algerien	L'~ se trouve au Maghreb.
la Tunisie [latynizi]	Tunesien	
la Turquie [latyʀki]	die Türkei	
subsaharien/subsaharienne [sybsaaʀjɛ̃/sybsaaʀjɛn] *adj.*	subsaharisch, südlich der Sahara	J'ai visité le nord du continent, mais je ne connais pas l'Afrique ~².
frustrant/frustrante [fʀystʀɑ̃/fʀystʀɑ̃t] *adj.* 🇬🇧 frustrating	frustrierend	C'est ~³ de ne pas savoir ce qu'on veut faire plus tard.

déprimer (qn) [deprime]	(jdn) deprimieren	On ~⁴ parce que les vacances sont finies.
la connerie [lakɔnʀi] *fam.*	der Blödsinn, der Quatsch, die Dummheit	Daria raconte beaucoup de ~⁵ quand elle est avec sa meilleure copine.
faire des conneries [fɛʀdekɔnʀi] *fam.*	Dummheiten machen, Mist bauen	Philippe et Max ~⁶ quand ils s'ennuient.
traîner [tʀene] *fam.*	*hier:* abhängen, sich herumtreiben	Tim ne peut pas ~ avec ses copains tous les soirs.
la Maison de la jeunesse [lamɛzɔ̃dəlaʒœnɛs]	der Jugendclub	– On se retrouve à 3 heures devant la ~? – D'accord!
juste [ʒyst] *adv.* 🇬🇧 just = seulement	nur, bloß	Tu as un moment? Je veux ~ te dire un truc.
laisser qn + *inf.* [lese]	jdn + *Inf.* lassen	Ma mère ne me ~⁷ pas sortir le soir.
ne ... plus rien [nəplyʀjɛ̃]	nichts mehr	Je ~ vois ~. Il y a trop de gens devant moi!
se ficher de qn/qc [səfiʃedə] *fam.*	auf jdn/etw. pfeifen, sich lustig machen über jdn/etw.	Je ~⁸ ce que pensent mes parents.

criminel/criminelle [kʀiminɛl] *adj.* 🇬🇧 criminal	kriminell, strafbar	Tu ne peux pas faire ça. C'est ~[9]!
ça craint [sakʀɛ̃] *fam.*	das ist übel, das ist gefährlich	Je n'aime pas me promener dans ce quartier. ~!
s'en sortir [sɑ̃sɔʀtiʀ] *fam.*	*hier:* es schaffen, etw. aus sich machen	Je sais que tu vas ~[10]! Tu es fort.
scolaire [skɔlɛʀ] *m./f. adj.*	schulisch, Schul-	Mes livres ~[11] sont trop gros pour mon sac.
glander [glɑ̃de] *fam.*	herumhängen, nichts tun	Je n'ai pas envie de faire mes devoirs. J'ai envie de ~.
avoir un déclic [avwaʀɛ̃deklik] *fam.*	bei jdm Klick machen	Hier, pendant le cours de maths, j'~[12].
passer (un examen) [pase] 🇬🇧 to pass (an exam)	(eine Prüfung) ablegen	Est-ce qu'il faut ~ un examen pour devenir acteur?
le brevet [ləbʀəvɛ]	das (Abschluss-)Zeugnis, der Schein, *auch:* der Mittlere Schulabschluss	Voilà le résultat de tout mon travail: j'ai eu mon ~!

le cas [ləkɑ]	der Fall	Je croyais qu'il fallait être là à sept heures, mais ce n'est pas le ~.
🇬🇧 case		
l'Université Grenoble Alpes *f.*	Universität in Grenoble	
la motivation [lamɔtivasjɔ̃]	die Motivation	Jérémi a beaucoup de ~.
la fac *fam.* / la faculté [lafak/lafakylte]	die Uni, die Universität, die Fakultät	Tim est fier d'aller faire ses études à la ~ de médecine de Paris.
la façon de [lafasɔ̃də] + *inf.*	die Art, etw. zu machen	Sa ~ photographier est spéciale.
le Grenoblois / la Grenobloise [ləgʀənoblwa/lagʀənoblwaz]	Bewohner/in von Grenoble	
la vanne [lavan] *fam.*	der (blöde) Spruch, der Witz	Il fait des ~[13] tout le temps.
décrocher mon diplôme [dekʀɔʃemɔ̃diplom]	meinen Abschluss machen	En juin, je veux ~.
le micro-trottoir [ləmikʀotʀɔtwaʀ]	die Straßenumfrage	Pour l'école, on a fait un ~ sur les préjugés.
tuer qn [tɥe]	jdn töten	
accidentellement [aksidɑ̃tɛlmɑ̃] *adv.*	versehentlich	Zut! J'ai ~ laissé tomber un verre.

l'émeute [lemøt] *f.*	der Aufstand	Les journaux parlent beaucoup des ~14.
être discriminé/discriminée [ɛtʁdiskʁimine]	diskriminiert werden	Personne ne veut ~.
(ê) **s'exprimer (sur qc)** [sɛkspʁime]	sich (über/zu etw.) äußern	Je sais bien ~15 en français.
les médias [lemedja] *m. pl.*	die Medien	Les ~ essaient toujours de montrer des images fortes.
l'évènement [levɛnmɑ̃] *m.*	das Ereignis	C'est l'~ qui a changé ma vie.
améliorer qc [ameljɔʁe]	etw. verbessern	Il faut agir vite pour ~ la situation.
la condition [lakɔ̃disjɔ̃] 🇬🇧 condition	die Bedingung	Les ~16 de travail sont dures.
évoluer [evɔlɥe] 🇬🇧 to evolve	sich (weiter-)entwickeln, sich ändern	Son niveau en anglais n'a pas ~17.
familial/familiale/❗**familiaux** *m. pl.* [familjal/familjo] *adj.* → la famille	familiär, Familien-	Les gens aiment cet hôtel pour son ambiance ~18.

le projet urbain [ləprɔʒɛyrbɛ̃]	das Städtebauprojekt	À la Villeneuve, on réalise un ~.
l'écoquartier [lekokartje] *m.*	die Ökosiedlung	C'est le premier ~ de France.
un/e ... sur deux [ɛ̃/yn…syrdø]	jede/r/s zweite	~ enfant ~[19] a une télé dans sa chambre.
la conséquence [lakɔ̃sekɑ̃s] 🇬🇧 consequence	die Folge	L'accident est resté sans ~.
le taux [ləto]	die Quote	Le ~ de chômage est très haut dans cette région.
louche [luʃ] *m./f. adj. fam.*	verdächtig, dubios	Cette affaire est ~.
jurer (qc à qn) [ʒyre]	(jdm etw.) schwören	J'ai ~[20] à mes parents de leur dire la vérité.

▶ Hörtext

l'est [lɛst] *m.*	der Osten	L'~ du pays est magnifique. Le nord est moins joli.
mort/morte [mɔr/mɔrt] *adj.* → la mort ≠ vivant, animé	tot, leblos, ausgestorben	Ce n'est pas animé, c'est ~[21].

mettre les pieds à + *lieu* [mɛtʀlepjea] *fam.*	etw./einen Ort betreten	Je n'~ jamais ~²² Montpellier.
se la péter [səlapete] *fam.*	angeben	Il ~²³ trop!
profiter de qc [pʀɔfitedə]	etw. nutzen, etw. ausnutzen	Les parents d'élèves ~²⁴ la soirée pour poser beaucoup de questions.
coller une étiquette à qn/qc [kɔleynetikɛta]	jdm/etw. einen Stempel aufdrücken	Je n'aime pas qu'on me ~²⁵. ◀

1 confronté à 2 subsaharienne 3 frustrant 4 déprime 5 conneries 6 font des conneries 7 laisse
8 me fiche de 9 criminel 10 t'en sortir 11 scolaires 12 j'ai eu un déclic 13 vannes 14 émeutes
15 m'exprimer 16 conditions 17 évolué 18 familiale 19 Un ... sur deux 20 juré 21 mort
22 n'ai jamais mis les pieds à 23 se la pète 24 profitent de/ont profité de 25 colle une étiquette

Unité 1 | Volet 3

| ⁽ᵉ⁾ **s'indigner** [sɛ̃diɲe] | sich empören | On ~¹ contre la violence. |
| **l'attitude** [latityd] *f.* 🇬🇧 attitude | die Haltung, die Einstellung | Essaie d'avoir une ~ plus optimiste. |

l'indifférence [lɛ̃difeʀɑ̃s] *f.* 🇬🇧 indifference	die Gleichgültigkeit	Il faut lutter contre l'~.
inacceptable [inaksɛptabl] *m./f. adj.* 🇬🇧 inacceptable → accepter	inakzeptabel	Cette décision politique est ~.
la manière [lamanjɛʀ]	die Art und Weise	Mon père a réagi de ~ calme.
le/la SDF (sans domicile fixe) [lǝɛsdeɛf/laɛsdeɛf]	der/die Obdachlose	Un ~ n'a pas de logement.
absurde [apsyʀd] *m./f. adj.*	absurd	C'est une idée ~!
révolter qn [ʀevɔlte]	jdn empören	La guerre me ~².
soutenir qn/qc [sutǝniʀ]	jdn/etw. unterstützen	Je ~³ l'argument de Joanne.
l'épicerie [lepisʀi] *f.*	das Lebensmittelgeschäft	Descends à l'~, s'il te plaît, et achète des tomates.
solidaire [sɔlidɛʀ] *m./f. adj.*	solidarisch	Je donne mes vieux vêtements pour une action ~ aux familles pauvres.
le don [lǝdɔ̃] → donner	die Spende, die Schenkung	Tous ces vêtements que vous voyez ici sont des ~⁴.

faire un don [fɛʁɛ̃dɔ̃]	spenden	Chaque année en hiver, ma famille ~5 pour une organisation qui aide les SDF.
le/la bénévole [ləbenevɔl/ labenevɔl]	der/die Freiwillige, der/die ehrenamtliche Mitarbeiter/in	Les ~6 travaillent sans gagner d'argent.
fatigant/fatigante [fatigɑ̃/fatigɑ̃t] *adj.* → fatigué	anstrengend, ermüdend	Les journées d'école peuvent être très ~7.
l'injustice [lɛ̃ʒystis] *f.* → juste	die Ungerechtigkeit	Aujourd'hui, l'~ sociale dans notre pays est grande.
se sentir concerné/concernée (par qc) [səsɑ̃tiʁkɔ̃sɛʁne]	sich (von etw.) betroffen fühlen	Pierre ~8 quand il voit un SDF.
sur le terrain [syʁlətɛʁɛ̃]	vor Ort	L'association envoie ses bénévoles ~.
le sac poubelle [ləsakpubɛl]	der Müllsack	Après une grande fête, il faut de grands ~9!
éteindre qc [etɛ̃dʁ]	etw. ausschalten	On doit ~ la télévision quand on sort de chez soi.
le slogan [ləslɔgɑ̃]	der Slogan, der Spruch	Ce ~ politique est nul.

la lumière [lalymjɛʀ]	das Licht	La ~ est très belle sur cette photo.
Ce qui m'indigne, c'est ...	Was mich empört, ist ...	~ l'inégalité dans le monde.
l'inégalité [linegalite] *f.* 🇬🇧 inequality → égal	die Ungleichheit	Le gouvernement essaie de lutter contre l'~ des chances.
constater qc [kɔ̃state]	etw. feststellen	Je ~[10] que tu n'as toujours pas rangé ta chambre.
la lessive [lalesiv]	*hier:* die Wäsche, *auch:* das Waschmittel	Chez nous, c'est mon père qui fait la ~. C'est ma mère qui fait les courses.
l'égalité [legalite] *f.* 🇬🇧 equality ≠ l'inégalité	der Gleichstand, die Gleichheit, die Gleichberechtigung ▶ *Civilisation, p. 156*	Les équipes sont à ~! Deux à deux!
la fraternité [lafʀatɛʀnite] → frère	die Brüderlichkeit ▶ *Civilisation, p. 156*	La ~, c'est quand les gens s'aiment et se respectent comme des frères.
le mariage pour tous [ləmaʀjaʒpuʀtus]	*Ehe für gleichgeschlechtliche Paare* ▶ *Civilisation, p. 156*	

l'homosexuel *m.* / **l'homosexuelle** *f.* [lɔmɔsɛksyɛl] 🏴󠁧󠁢󠁥󠁮󠁧󠁿 homosexual	der/die Homosexuelle	Les ~[11] ont longtemps lutté pour leur égalité sociale.
chaque chose en son temps [ʃakʃozɑ̃sɔ̃tɑ̃]	alles zu seiner Zeit	Je n'ai pas eu le temps de faire ce travail. ~.
égoïste [egɔist] *m./f. adj.*	egoistisch	Lucas ne pense qu'à lui. Il est ~.
avouer qc [avue]	etw. zugeben	Je ne vais pas ~ quelque chose que je n'ai pas fait!
le job [lədʒɔb] *fam.* = le travail	der Job, die Stelle	Ma sœur a un bon ~: elle est médecin.
valoir la peine (de + *inf.***)** [valwaʀlapɛn]	sich lohnen (etw. zu tun)	Tu crois que cela ~[12] d'essayer?
l'élection [lelɛksjɔ̃] *f.* 🏴󠁧󠁢󠁥󠁮󠁧󠁿 election	die Wahl	Les prochaines ~[13] européennes auront lieu dans deux mois.
le Rassemblement National [ləʀasɑ̃bləmɑ̃nasjɔnal]	der Rassemblement National *rechtsextreme Partei in Frankreich* ▶ Civilisation, p. 156	

refuser qc [ʀəfyze]	etw. ablehnen	Je ~[14] de me coucher avant 22 heures.
le préjugé [ləpʀeʒyʒe] 🇬🇧 prejudice	das Vorurteil	Tout le monde a des ~[15]. Mais il faut accepter de les corriger.
expulser qn [ɛkspylse] 🇬🇧 to expel	jdn ausweisen, jdn abschieben	Les sans-papiers ont peur qu'on les ~[16].
raciste [ʀasist] *m./f. adj.* 🇬🇧 racist	rassistisch	Les propos ~[17] de notre voisin sont honteux.
le membre [ləmãbʀ] 🇬🇧 member	das Mitglied	J'aimerais être ~ d'un club de foot.
militant/militante [militã/militãt] *adj.*	aktiv, engagiert	Léo s'engage dans un parti politique. Il est très ~[18].
distribuer qc [distʀibɥe] 🇬🇧 to distribute	etw. verteilen, etw. austeilen	Le professeur ~[19] les feuilles.
le tract [lətʀakt]	das Flugblatt	Il y a trop d'informations sur ce ~.

1 s'indigne 2 révolte 3 soutiens 4 dons 5 fait un don 6 bénévoles 7 fatigantes
8 se sent concerné 9 sacs poubelle 10 constate 11 homosexuels 12 vaut la peine
13 élections 14 refuse 15 préjugés 16 expulse 17 racistes 18 militant 19 distribue

Module A

la sténographie [lastenɔgʀafi]	die Stenografie *Schrift, die aus Zeichen besteht und sehr schnelles Schreiben ermöglicht.*	Avec la ~, on peut écrire plus rapidement.
le/la secrétaire [lə/lasəkʀetɛʀ]	der/die Sekretär/in	Je travaille comme ~ dans une entreprise.
Léon Gaumont	*französischer Pionier der Filmindustrie und Gründer der Gaumont Film Company*	
la photographie [lafɔtɔgʀafi]	die Fotografie	Il passe son temps libre à faire de la ~.
les Frères Lumière	die Brüder Lumière *Erfinder des Kinematografen*	
l'appareil [lapaʀɛj] *m.*	der Apparat, das Gerät	Je viens de m'acheter un nouvel ~ photo.
révolutionnaire [ʀevɔlysjɔnɛʀ] *m./f. adj.*	revolutionär	Alice Guy a des idées ~[1].

le mouvement [ləmuvmã]	die Bewegung	Plusieurs photos en ~, ça fait un film.
le client / la cliente [ləklijã/laklijãt]	der Kunde / die Kundin	J'espère que mes ~ sont contents.
^(è) **se spécialiser dans qc** [səspesjalize]	sich auf etw. spezialisieren	Je ~² dans les films policiers.
les États-Unis (d'Amérique) [lezetazyni] *m. pl.*	die Vereinigten Staaten (von Amerika)	Géraldine veut passer un an aux ~.
à l'extérieur [alɛkstɛʁjœʁ]	draußen, im Freien	Les enfants préfèrent jouer ~.
le racisme [ləʁasism]	der Rassismus	Il faut lutter contre le ~!
dominer qn/qc [dɔmine]	jdn/etw. dominieren, jdn/etw. beherrschen	La révolution numérique va ~ notre vie quotidienne.
le souci [ləsusi]	die Sorge	Tout le monde veut une vie sans ~³.
se faire du souci pour qn/qc	sich um jdn/etw. Sorgen machen	Ne ~ pas ~⁴, je me débrouille.
^(è) **s'arranger**	sich regeln	Pas de souci, tout va ~!
le poste [ləpɔst]	die Stelle, der Arbeitsplatz	Je suis trop content d'avoir un nouveau ~.

le contrat [ləkɔ̃tʀa]	der Vertrag	Je n'ai pas encore signé le ~.
la conférence [lakɔ̃feʀɑ̃s]	der Vortrag, die Konferenz	Alice Guy donne des ~⁵ sur le cinéma.
le prix /⚠ les prix [ləpʀi/lepʀi]	der Preis	Le ~ Alice Guy récompense la meilleure réalisatrice de l'année.
récompenser qn/qc [ʀekɔ̃pɑ̃se]	jdn/etw. belohnen, jdn/etw. auszeichnen	Ma mère me ~⁶ pour mes bonnes notes en anglais.
▶ **la compétition** [lakɔ̃petisjɔ̃]	der Wettkampf, der Wettbewerb	Jan et Lucas se préparent pour la ~ de l'école.
le tapis [lətapi]	der Teppich	Toutes les stars se présentent sur le ~ rouge.
le symbole [ləsɛ̃bɔl]	das Symbol, das Zeichen	Le drapeau bleu, blanc, rouge est un ~ de la France.
la marche [lamaʀʃ]	der Gang	Est-ce que tu es prête pour la ~ sur le tapis rouge? ◀

1 révolutionnaires **2** me spécialise **3** soucis **4** te fais … du **5** conférences **6** récompense

Pour parler du cinéma vocabulaire

Alice Guy [alisgi]	*erste Filmregisseurin und -Produzentin der Welt, Begründerin des fiktionalen Films*	
le/la cinéaste [lə/lasineast]	der Filmemacher / die Filmemacherin	Alice Guy est la première ~ du monde.
la fiction [lafiksjɔ̃]	die Fiktion	Tout ça, ce n'est pas vrai, c'est de la ~.
le producteur / la productrice [ləpʀɔdyktœʀ/lapʀɔdyktʀys]	der Produzent / die Produzentin	Tu connais le nom de la ~[1] du film?
réaliser qc [ʀealize]	*hier:* etw. umsetzen, etw. verwirklichen	Alice Guy a ~[2] plus de mille films dans sa vie.
la projection [lapʀɔʒɛksjɔ̃]	die Projektion	
le cinématographe [ləsinematɔgʀaf]	der Kinematograph erste *Filmkamera*	
l'appareil révolutionnaire [lapaʀɛjʀevɔlysjɔnɛʀ] *m.*	der revolutionäre Apparat	

le directeur / la directrice (de production) [lədiʀɛktœʀ/ ladiʀɛktʀis]	*hier:* die Filmproduktions- leitung	
les effets spéciaux [lezefɛspesjo] *m. pl.*	die Spezialeffekte	Dans ce film, il y a beaucoup d'~.
la maison de production [lamɛzɔ̃dəpʀɔdyksjɔ̃]	das Filmstudio	Je travaille dans une ~.
le western [ləwɛstɛʀn]	der Western *Filmgenre*	
le film d'action [ləfilmdaksjɔ̃]	der Actionfilm	
le film policier [ləfilmpɔlisje]	der Kriminalfilm, Krimi *Filmgenre*	
innover [inɔve]	kreieren, neu einführen	Elle a beaucoup ~[3] dans le cinéma.
tourner à l'extérieur [tuʀnealɛksteʀjœʀ]	draußen filmen, Außenaufnahmen machen	
le président / la présidente [ləpʀezidɑ̃/lapʀezidɑ̃t]	*hier:* der/die Vorsitzende	Qui est le ~ du parti?

l'industrie [lɛ̃dystʀi] *f.*	die Industrie	La plus grande ~ du film se trouve à Hollywood.
l'indépendant/e [lɛ̃depɑ̃dɑ̃/lɛ̃depɑ̃dɑ̃t] *m./f.*	der/die Selbstständige	Tu veux travailler dans une entreprise ou comme ~?
le studio [ləstydjo]	*hier:* das Filmstudio	

1 productrice 2 a réalisé 3 innové

Unité 2 | Mots en contexte

le Maroc [ləmaʀɔk]	Marokko	Le ~ était une colonie française jusqu'en 1956.
la place Djemaa El Fna [laplasdʒemaɛlfna]	der Jamaa El Fna Platz *großer Platz in Marrakech*	
les Touaregs [letuaʀɛg] *m./f. pl.*	die Tuareg ▶*Civilisation, p. 152*	Les ~ vivent dans le Sahara.
le désert [lədezeʀ]	die Wüste	Pour traverser le ~, il faut avoir assez d'eau.

la coopérative [lakɔɔpeʀativ]	die Genossenschaft	À la ~, on peut acheter du très bon lait.
l'Atlas [latlɑs] *m.*	der Atlas ▶*Civilisation, p. 152*	
le souk [ləsuk]	der Basar	Les touristes adorent ce ~ de Marrakech.
Casablanca [kasablɑ̃ka]	Casablanca *größte Stadt Marokkos* ▶*Civilisation, p. 152*	
la djellaba [ladʒɛlaba]	die Dschellaba *weites Kapuzengewand aus dem Maghreb*	Des hommes en ~ discutent sur la place Djemaa El Fna.
le royaume [ləʀwajom] → royal/royale	das (König-)Reich	Un pays qui a un roi est un ~.
l'Afrique du Nord [lafʀikdynɔʀ] *f.*	Nordafrika	Le Maroc est un pays d'~.
faire partie de qc [fɛʀpaʀtidə] 🇬🇧 to be part of	zu etw. gehören, Teil sein von etw.	Sandro ~[1] mon équipe.
le territoire [ləteʀitwaʀ] 🇬🇧 territory	das Gebiet, das Territorium	Attention, vous entrez dans mon ~.

le nord-ouest [lənɔʀwɛst]	der Nordwesten	Saint-Malo se trouve dans le ~ de la France.
le Maghreb [ləmagʀɛb]	der Maghreb	Le ~ se trouve en Afrique du Nord.
les Berbères [lebɛʀbɛʀ] *m./f. pl.*	die Berber	Les Touaregs sont des ~.
l'Arabe [laʀab] *m./f.*	der Araber / die Araberin	Tous les ~² ne parlent pas le même arabe.
la diversité [ladivɛʀsite]	die Vielfalt	Au marché, on trouve une grande ~ de produits.
la plaine [laplɛn]	die Ebene, das Flachland	Derrière ces montagnes, la ~ commence.
la chaîne [laʃɛn] 🇬🇧 chain	die Kette	Maintenant, il y a une ~ d'hôtels dans la région.
marocain/marocaine [maʀɔkɛ̃/maʀɔkɛn] *adj.*	marokkanisch	Au Maroc, j'ai appris des choses sur l'histoire ~³.
longer qc [lɔ̃ʒe]	an etw. entlanglaufen, an etw. entlangführen	La ligne du métro ~⁴ le fleuve pendant dix kilomètres.

l'océan Atlantique [lɔseãatlãtik] *m.*	der atlantische Ozean	L'~ est souvent très froid, mais pas toujours.
la métropole [lametʀɔpɔl]	die Metropole, die Großstadt	Berlin est devenue une ~.
industriel/industrielle [ɛ̃dystʀijɛl] *adj.* 🇬🇧 industrial	industriell, Industrie-	Ce sont des produits ~[5].
économique [ekɔnɔmik] *m./f. adj.* 🇬🇧 economical	wirtschaftlich	Ce produit connaît un succès ~ énorme.
culturel/culturelle [kyltyʀɛl] *adj.* 🇬🇧 cultural	kulturell	Beaucoup de gens font des voyages ~[6].
nombreux/nombreuse [nɔ̃bʀø/nɔ̃bʀøz] *adj.* → le nombre	zahlreich	De ~[7] familles viennent ici le week-end.
impérial/impériale/⚠ impériaux *m. pl.* [ɛ̃peʀjal/ɛ̃peʀjo] *adj.*	kaiserlich, Kaiser- + *Nomen*	Regarde, c'est une belle ville ~[8].
la Médina [lamedina]	die Medina *Name der Altstadt in arabischen und (nord-)afrikanischen Städten*	

former qn/qc [fɔʀme]	jdn/etw. formen, jdn/etw. bilden	On peut ~ deux équipes de six personnes.
des milliers de (personnes/choses) [demiljedə]	tausende (Menschen/Dinge)	~ personnes vont au concert.
l'artisan m. / **l'artisane** f. [laʀtizɑ̃/laʀtizan]	der/die Handwerker/in, der/die Handwerksmeister/in	Mon cousin est ~[9] boulanger.
(ê) **se perdre (dans qc)** [səpɛʀdʀ]	sich (in etw.) verlieren, sich (in etw.) verlaufen	C'est trop grand ici. On ~[10] facilement.
marchander [maʀʃɑ̃de] → le marché	handeln, verhandeln	Les choses sont moins chères quand on ~[11].
le sud-ouest [ləsydwɛst]	der Südwesten	Le ~ du pays est moins dangereux.
fertile [fɛʀtil] m./f. adj.	fruchtbar	Cette région de plaines est très ~.
la clémentine [laklemɑ̃tin]	die Klementine, die Mandarine	En hiver, j'adore manger des ~[12].
produire qc [pʀodɥiʀ] 🇬🇧 to produce → le produit	etw. produzieren, etw. hervor-bringen *wird wie* construire *konjugiert* ▶ Verbes, p. 159	Dans notre région, on ~[13] beaucoup de fromage.

l'huile d'argan [lɥildaʀgɑ̃] *f.*	das Arganöl	L'~, c'est un produit de luxe marocain.
le sud [ləsyd]	der Süden	En été, ma famille part dans le ~ de la France.
l'oasis [lɔazis] *f.*	die Oase	Trouver une ~ dans le désert, c'est fantastique.
la dune [ladyn]	die Düne	Les enfants jouent dans les ~[14].
impressionnant/impressionnante [ɛ̃pʀesjɔnɑ̃/ɛ̃pʀesjɔnɑ̃t] *adj.* → impressionner	beeindruckend	Tout en haut du monument, la vue est ~[15].
caractériser qn/qc [kaʀakteʀize] 🇬🇧 to characterise → le caractère	jdn/etw. beschreiben, jdn/etw. kennzeichnen	Écrivez dans vos cahiers. ~[16] le personnage principal du roman.
être composé/composée (de qn/qc) [ɛtʀkompoze]	zusammengesetzt sein (aus jdm/etw.)	Le groupe ~[17] de trois jeunes et deux adultes.
la minorité [laminɔʀite] → la majorité	die Minderheit	Une ~ de Français parle breton.

européen/européenne [øʀɔpeɛ̃/øʀɔpeɛn] *adj.*	europäisch, Europa-	Dans beaucoup de pays ~18, on peut payer en euros.
la tribu nomade [latʀibynɔmad] ⚑ tribe	der Nomadenstamm	Les ~19 voyagent beaucoup.
reconnaître qn/qc [ʀəkɔnɛtʀ] → connaître	jdn/etw. anerkennen	Les États-Unis ne ~20 pas tous les diplômes européens.
le protectorat [ləpʀɔtektɔʀa]	das Protektorat, der Schutzstaat	Le Maroc a été un ~ français.
l'administration [ladministʀasjɔ̃] *f.* ⚑ administration	die Verwaltung, die Behörde	C'est l'~ de l'entreprise qui s'occupera de vos documents.
la confession [lakɔ̃fesjɔ̃]	die Konfession, das Bekenntnis zu einer Religion	Je suis de ~ catholique.
musulman/musulmane [myzylmɑ̃/myzylman] *adj.*	muslimisch	Le monde ~21 est grand.
engager qc [ɑ̃gaʒe]	*hier:* etw. einleiten	La police a ~22 une enquête.
la réforme [laʀefɔʀm]	die Reform	Ils discutent des ~23 sociales.
la démocratie [lademɔkʀasi] ⚑ democracy	die Demokratie	En Allemagne, nous vivons dans une ~.

la justice sociale [laʒystissɔsjal]	die soziale Gerechtigkeit	On veut plus de ~ dans notre société!
le droit [lədʀwa]	das Recht	L'Allemagne est un État de ~.
interdit/interdite [ɛ̃tɛʀdi/ɛ̃tɛʀdit] *adj.*	verboten	Il est ~ de faire du foot au camping.
demander qc [dəmɑ̃de]	etw. verlangen	Ils ~²⁴ l'égalité pour tous.
le divorce [lədivɔʀs] 🏴 divorce	die (Ehe-)Scheidung	Mes parents ont demandé le ~.
l'analphabétisme [lanalfabetism] *m.*	der Analphabetismus	L'~ est encore un problème dans notre pays.
réduire qc [ʀedɥiʀ]	etw. reduzieren, etw. verringern	On a pu ~ le nombre d'accidents graves, cette année.
la modernisation [lamɔdɛʀnizasjɔ̃] → moderne	die Modernisierung	Les habitants de cette ville veulent une ~ depuis longtemps.
les travaux [letʀavo] *m. pl.* → travailler	die Bauarbeiten	Les ~²⁵ sur l'autoroute vont durer jusqu'en septembre.
installer qc [ɛ̃stale]	etw. einrichten, etw. installieren	Ça y est, le téléphone est ~²⁶.

le tramway [lətramwɛ]	die Straßenbahn, die Tram	Fais vite, le ~ arrive!
le moyen de transport [ləmwajɛ̃dətrɑ̃spɔʀ]	das Verkehrsmittel, das Transportmittel	Le vélo, le train et le bus sont des ~[27].
le taxi [lətaksi]	das Taxi	On est rentrés en ~.
ne ... pas ... pour autant [nəpapuʀɔtɑ̃]	trotzdem nicht, deswegen nicht	Elle travaille beaucoup, mais elle ~ gagne ~ énormément d'argent ~[28].

1 fait partie de 2 Arabes 3 marocaine 4 longe 5 industriels 6 culturels 7 nombreuses 8 impériale 9 artisan 10 se perd 11 marchande 12 clémentines 13 produit 14 dunes 15 impressionnante 16 Caractérisez 17 est composé 18 européens 19 tribus nomades 20 reconnaissent 21 musulman 22 engagé 23 réformes 24 demandent 25 travaux 26 installé 27 moyens de transport 28 ne gagne pas énormément d'argent pour autant

Unité 2 | Volet 1

le carnet de voyage [ləkaʀnɛdəvwajaʒ]	das Reisetagebuch	J'ai noté tous les évènements dans mon ~.
la famille nombreuse [lafamijnɔ̃bʀøz]	die große/kinderreiche Familie	Mon amie vit dans une ~. Elle a six frères et sœurs!

court/courte [kuʀ/kuʀt] *adj.* ≠ long	kurz	Les vacances étaient encore trop ~¹!
la Corniche [lakɔʀniʃ]	Küstenstraße *die Küstenstraße*	
la boîte (de nuit) [labwatdənɥit]	der (Nacht-)Club	On sort en ~ samedi soir? J'ai envie de danser.
le quartier d'affaires international [ləkaʀtjedafɛʀzɛ̃tɛʀnasjɔnal]	das internationale Geschäftsviertel	Mon père travaille dans un ~.
les affaires *f. pl.* [lezafɛʀ]	die Geschäfte	Les ~ vont mal.
fièrement [fjɛʀmɑ̃] *adv.* → fier/fière	stolz	Il m'a dit ~ qu'il avait réussi.
frapper qn [fʀape]	*hier:* jdn beeindrucken	Ce qui m'a ~², ce sont les couleurs du paysage.
dater de ... [datedə] + *Zeit*	aus ... stammen *zeitlich*	Cette idée ~³ années 1920.
la mosquée [lamɔske]	die Moschee	La ~ de Casablanca est magnifique.
le sien / la sienne [ləsjɛ̃/lasjɛn]	sein(e)s, ihr(e)s, der/die/das Seine, der/die/das Ihre *Possessivpronomen*	– C'est le cahier de Sandra? – Non, ~⁴ est sur son bureau, regarde!

le quartier des Habbous [ləkaʀtjedeabu]	das Habou-Viertel *im Süden Casablancas*	
le labyrinthe [ləlabiʀɛ̃t]	das Labyrinth	La vieille ville est un vrai ~.
le bijou/les bijoux *m. pl.* [ləbiʒu/lebiʒu]	das Schmuckstück	Ma grand-mère aime bien me montrer ses ~[5].
la poterie [lapɔtʀi]	die Töpferware, die Töpferei	En cours de ~, ma mère m'a fait une assiette.
la babouche en cuir [lababuʃɑ̃kɥiʀ]	*orientalischer Lederpantoffel*	À la maison, ma sœur se balade en ~[6].
le cuir [ləkɥiʀ]	das Leder	Mes nouvelles chaussures en ~ sont super agréables aux pieds.
sans [sɑ̃] + *inf.*	ohne etw. zu tun	Je ne voudrais pas vivre ~ aimer.
l'étape [letap] *f.*	die Etappe, das Etappenziel	La prochaine ~ de mon voyage sera Paris.
le danseur / la danseuse [lədɑ̃sœʀ/ladɑ̃søz] 🏴 dancer → danser	der/die Tänzer/in	Mon frère voudrait devenir ~[7].

le charmeur / la charmeuse de serpents [ləʃaʀmœʀ/laʃaʀmøzdəsɛʀpɑ̃]	der Schlangenbeschwörer	Il faut que les ~[8] soient très courageux.
le serpent [ləsɛʀpɑ̃]	die Schlange	En général, je n'ai pas peur des animaux, mais j'ai peur des ~[9].
le dresseur / la dresseuse de singes [lədʀesœʀdəsɛ̃ʒ/ladʀesœøzdəsɛ̃ʒ]	der Affendresseur	J'aime regarder des spectacles des ~[10].
faire la joie de qn [fɛʀlaʒwadə]	jdn erfreuen	Après plusieurs jours de tempête, le soleil ~ maintenant ~[11] des gens.
la joie [laʒwa]	die Freude	Je te souhaite beaucoup de ~ dans la vie!
le mien / la mienne [ləmjɛ̃/lamjɛn]	meins/meine/meiner, der/die/das Meine *Possessivpronomen*	– C'est mon livre d'anglais? – Non, c'est ~[12].
vers [vɛʀ]	auf … zu, in Richtung von jdn/ etw. *örtlich*	Il est venu ~ moi et m'a donné mon cadeau.
le verger [ləvɛʀʒe]	der Obstgarten	Ces pommes viennent du ~ de mes grands-parents.

le mètre carré (le m²) [ləmɛtrkare]	der Quadratmeter	J'habite dans une chambre de 16 ~[13].
la terre [latɛr] → le territoire	der Boden, die Erde, *auch:* die Welt	La ~ de mon jardin est fertile.
étroit/étroite [etrwa/etrwat] *adj.*	eng, schmal	Ma chaussure droite est trop ~[14].
multicolore [myltikɔlɔr] *m./f. adj.*	vielfarbig, bunt	J'aime porter des vêtements ~[15].
l'antenne satellite [lɑ̃tɛnsatelit] *f.*	die Satellitenantenne	Quand il y a trop d'~[16] sur les maisons, c'est moche.
l'électricité [lelɛktrisite] *f.* ⊞ electricity	der Strom	Plein de choses ne marchent qu'à l'~.
le mode de vie [ləmɔddəvi]	die Lebensart, die Lebensweise	Mes grands-parents ont un ~ très moderne.
le contact [ləkɔ̃takt] ⊞ contact	der Kontakt	J'ai gardé le ~ avec mon professeur de maths.
le coussin [ləkusɛ̃] ⊞ cushion	das Kissen	Ma mère a posé le nouveau ~ sur mon lit.

le thé à la menthe [ləte.alamɑ̃t]	*schwarzer Tee mit frischen Pfefferminzblättern*	
poli/polie [pɔli] *adj.* 🇬🇧 polite	höflich	Mon père nous demande d'être ~[17] avec les vieilles personnes.
le miel [ləmjɛl]	der Honig	Le matin, je mets du ~ sur ma tartine.
le régal [ləʀegal]	die Köstlichkeit	Le gâteau au miel marocain est un vrai ~.
toucher qn/qc [tuʃe] 🇬🇧 to touch	jdn/etw. berühren, jdn/etw. tief bewegen	La dernière scène du film me ~[18] beaucoup.
l'arganier [laʀganje] *m.*	der Arganbaum	Au Maroc, on cultive des ~[19].
fabriquer qc [fabʀike]	etw. herstellen	Cette usine ~[20] des vêtements.
(e) s'émanciper [semɑ̃sipe]	sich emanzipieren, sich befreien	Chez nous, les femmes ~[21] il y a déjà longtemps.

1 courtes 2 frappé 3 date des 4 le sien 5 bijoux 6 babouches 7 danseur 8 charmeurs de serpents 9 serpents 10 dresseurs/dresseuses de singes 11 fait la joie 12 le mien 13 mètres carrés 14 étroite 15 multicolores 16 antennes satellite 17 polis 18 touche 19 arganiers 20 fabrique 21 se sont émancipées

le marathon [ləmaʀatɔ̃]	der Marathon	Qui a gagné le ~ des Sables?
le passionné / la passionnée [ləpasjɔne/lapasjɔne] → la passion	der/die Liebhaber/in, der Fan	Je suis une ~1 de mode.
le collaborateur / la collaboratrice [ləkɔlabɔʀatœʀ/lakɔlabɔʀatʀis]	der/die Mitarbeiter/in	Votre ~ m'a envoyé les papiers.
la course [lakuʀs] → courir	der Lauf, das Rennen	Je m'entraîne pour la ~ qui aura lieu cet été.
le coureur / la coureuse [ləkuʀœʀ/lakuʀøz] → la course	der/die Läufer/in	Après les premiers kilomètres, les ~2 avaient soif.
la température [latɑ̃peʀatyʀ] 🇬🇧 temperature	die Temperatur	Il ne fait pas trop chaud, les ~3 sont agréables.
le participant / la participante [ləpaʀtisipɑ̃/lapaʀtisipɑ̃t]	der/die Teilnehmer/in	Le Marathon des Sables compte plus de mille ~.
la médaille [lamedaj] 🇬🇧 medal	die Medaille	Vous allez recevoir votre ~ tout à l'heure.

plein/pleine [plɛ̃/plɛn] *adj.*	voll	La salle est ~[4]. Il n'y a plus de place!
minimum [minimɔm] *adj. inv.*	minimal, Mindest-	Je devrais faire plus que le travail ~.
(è) **s'habituer à qc** [sabitɥea] → l'habitude	sich an etw. gewöhnen	Mon frère ~ vite ~[5] sa nouvelle école.
critique [kʀitik] *m./f. adj.* 🇬🇧 critical	kritisch	Il y a eu des questions ~[6] après la présentation.
fou/folle [fu/fɔl] *adj.*	verrückt, wahnsinnig	Je trouve ton idée complètement ~[7].
le camion [ləkamjɔ̃]	der Lastwagen, der LKW	Je ne vois rien: il y a un ~ devant moi.
polluer qc [pɔlɥe] 🇬🇧 to pollute	etw. verschmutzen	Les avions ~[8] l'air. C'est pourquoi je préfère voyager en train.
la santé [lasɑ̃te]	die Gesundheit	Ma grand-mère est en bonne ~. Elle joue encore au foot!
coûter cher [kuteʃɛʀ]	viel kosten, teuer sein	Avoir une voiture, ça ~[9].
le sponsor [ləspɔ̃sɔʀ]	der/die Sponsor/in	Le ~ a dépensé beaucoup d'argent pour l'équipe.

financer qc [finɑ̃se]	etw. finanzieren	Le match ~[10] par une grande marque de voiture.
connu/connue [kɔny] *adj.* → connaître	bekannt	C'est un joueur de foot très ~[11]!
l'association caritative [lasɔsjasjɔ̃kaʁitativ] *f.* 🇬🇧 to care	der Wohlfahrtsverband	Une ~ aide les gens.
en effet [ɑ̃nefɛ]	in der Tat, tatsächlich	~, j'ai arrêté de faire du judo.
humanitaire [ymanitɛʁ] *m./f. adj.*	humanitär, menschenfreundlich	L'aide ~ peut sauver des vies.
défavorisé/défavorisée [defavɔʁize] *adj.*	benachteiligt	Quelques jeunes de l'équipe nationale viennent d'une famille ~[12].
concerner qn/qc [kɔ̃sɛʁne]	jdn/etw. betreffen	Ma question ~[13] l'échange scolaire.
le développement [lədevelɔpmɑ̃] 🇬🇧 development → se développer	die Entwicklung	L'OFAJ s'engage pour le ~ des relations franco-allemandes.
le développement durable [lədevelɔpmɑ̃dyʁabl]	die nachhaltige Entwicklung	Pour protéger la nature, nous avons besoin d'un ~.

| le matériel scolaire [ləmateʀjɛlskɔlɛʀ] | das Schulmaterial | Tous les élèves ont besoin de ~. |
| les équipements sanitaires [lezekipmɑ̃saniteʀ] *m. pl.* | die Sanitäranlagen | Les ~ de mon école ne sont pas du tout modernes. |

1 passionnée 2 coureurs 3 températures 4 pleine 5 s'est vite habitué à 6 critiques 7 folle 8 polluent 9 coûte cher 10 est financé 11 connu 12 défavorisée 13 concerne

Unité 2 | Volet 3

(ê) **venir voir qn** [vəniʀvwaʀ]	jdn besuchen kommen	Ma grand-mère est heureuse quand elle ~ me ~¹.
deviner qc [dəvine]	etw. erraten, etw. ahnen	Je ~² souvent les problèmes de mon petit frère.
taper [tape]	schlagen *hier:* klopfen	Ne ~³ jamais un enfant.
gêné/gênée [ʒene] *adj.*	verlegen, betreten	Saïd avait l'air ~⁴.
la réputation [laʀepytasjɔ̃] 🏴 reputation	der Ruf	Ce médecin a une bonne ~, tu peux lui faire confiance.

le/la fonctionnaire [ləfɔ̃ksjɔnɛʀ/lafɔ̃ksjɔnɛʀ]	der Beamte / die Beamtin	Mes parents sont des ~[5].
manquer [mɑ̃ke]	fehlen	Il me ~[6] encore vingt euros pour m'acheter le vélo de mes rêves.
l'instituteur / l'institutrice [lɛ̃stitytœʀ/lɛ̃stitytʀis] *m./f.*	der/die Grundschullehrer/in	Mon ~[7] est trop cool. Elle nous a montré des numéros de magie!
soupirer [supiʀe]	seufzen	Le vieil homme ~[8]: «Je suis fatigué!»
couper la parole à qn [kupelapaʀɔla]	jdm ins Wort fallen	Il me ~[9] tout le temps! Il n'est pas gentil.
être pressé/pressée [ɛtʀpʀese]	es eilig haben	Mais dépêchez-vous, je suis vraiment ~[10]!
mener qn/qc [məne]	jdn/etw. leiten, jdn/etw. führen	Thomas ~[11] le jeu pendant tout le match.
l'espoir [lɛspwaʀ] *m.*	die Hoffnung	L'~ fait vivre.
le bonheur [ləbɔnœʀ]	das Glück	J'ai retrouvé mon amie d'enfance. Quel ~!
l'humeur [lymœʀ] *f.*	die Laune, die Stimmung	Ce matin, je suis de mauvaise ~.

faire semblant de [fɛʀsɑ̃blɑ̃də] + *inf.*	so tun, als würde man etw. tun	Je ~12 dormir.
jeûner [ʒøne]	fasten	Ne rien manger, ça s'appelle ~.
évoquer qn/qc [evɔke]	jdn/etw. erwähnen, an jdn/etw. erinnern	Pendant l'interview, il ~13 son séjour en Allemagne.
le fou rire [ləfuʀiʀ]	der Lachanfall	Hier, on a eu un ~ dans le métro, on ne pouvait plus s'arrêter.
par terre [paʀtɛʀ]	auf dem/den Boden	Mika est triste parce que son portable est tombé ~.
protester [pʀɔteste] 🇬🇧 to protest	protestieren	Je n'étais pas d'accord, alors j'ai ~14.
apprécier qn/qc [apʀesje] 🇬🇧 to appreciate = aimer qn/qc	jdn/etw. schätzen, jdn/etw. mögen	J'~15 les belles choses.
effectuer une démarche [efɛktɥeyndemaʀʃ]	einen Schritt unternehmen	Je vais ~ toutes les ~16 pour arriver à mon but.
hocher la tête [ˈɔʃelatɛt]	nicken	Il ~17 pour me dire oui.

la bouche [labuʃ]	der Mund	Pour manger, il faut ouvrir la ~.
le veuf / la veuve [ləvœf/lavœv]	der Witwer / die Witwe	Une ~[18] est une femme qui a perdu son mari.
la gamine [lagamin] *fam.* = petite fille	das kleine Mädchen	Cette ~ est triste: elle a perdu son ballon.
le patriarche [ləpatʀijaʀʃ]	der Patriarch	Mon grand-père est un vrai ~: c'est lui qui décide.
le geste [ləʒɛst] 🇬🇧 gesture	die Geste, die Handbewegung	On se comprend à l'aide de ~[19].
autoriser qn à faire qc [otoʀizeafɛʀ]	jdm erlauben, etw. zu tun	Mes parents ne vont jamais m'~ dormir chez toi.
autoriser qc [otoʀize]	etw. erlauben	La loi marocaine ~[20] le divorce.
adresser la parole à qn [adʀeselapaʀɔla]	jdn ansprechen, mit jdm reden	Pourquoi tu ne m'~ pas ~[21]? Tu es fâché?
être contrarié/contrariée (par qn/qc) [ɛtʀkɔ̃tʀaʀje]	(wegen jdm/etw.) verärgert sein	Depuis notre discussion, il ~[22].

secouer la tête [səkwelatɛt]	den Kopf schütteln	Quand je ne peux pas dire «non», je ~23.
concevoir qc [kɔ̃səvwaʀ]	*hier:* sich etw. vorstellen, etw. begreifen *wird wie* recevoir *konjugiert* ▶Verbes, p.161	Je ne suis pas capable de ~ mon avenir comme adulte.
commun/commune [kɔmɛ̃/kɔmyn] *adj.*	gemeinsam	La vie ~24 avec mes parents se passe bien.

1 vient me voir 2 devine 3 tape 4 gêné 5 fonctionnaires 6 manque 7 institutrice 8 soupire
9 coupe la parole 10 pressé(e) 11 mène 12 fais semblant de 13 évoque/a évoqué 14 protesté 15 apprécie
16 effectuer toutes les démarches 17 a hoché la tête/hoche la tête 18 veuve 19 gestes 20 autorise
21 adresses pas la parole/as pas adressé la parole 22 est contrarié 23 secoue la tête 24 commune

Module B

la lettre de motivation [laletʀdəmɔtivasjɔ̃]	das Bewerbungsschreiben	Mélanie écrit une ~ pour trouver un stage.
l'employeur / l'employeuse [lɑ̃plwajœʀ/lɑ̃plwajøz] *m./f.* 🇬🇧 employer	der/die Arbeitgeber/in	Heureusement, mon nouvel ~1 est sympa.

saisonnier/saisonnière [sezɔnje/sezɔnjɛʀ] *adj.*	saisonal, Saison-	Un emploi de quelques mois en été s'appelle un emploi ~.
l'emploi saisonnier [lɑ̃plwasezɔnje] *m.*	*hier:* der Ferienjob	Tu as vu l'annonce qui propose un ~ en Allemagne?
la troisième [latʀwazjɛm]	entspricht der 9. Klasse in Deutschland	Après les vacances, j'entrerai en ~.
en rajouter [ɑ̃ʀaʒute]	dick auftragen, übertreiben	Quand Stéphanie raconte des histoires, elle ~² toujours.
décorer qc [dekɔʀe] 🇬🇧 to decorate	etw. dekorieren, etw. (aus-) schmücken	Philippe adore ~ la maison pour Noël.
particulièrement [paʀtikyljɛʀmɑ̃] *adv.* = surtout, spécialement	besonders	Je m'intéresse beaucoup à la musique, ~ à la musique moderne.
le travail en équipe [lətʀavajɑ̃nekip]	die Teamarbeit	J'aime le ~ où chacun peut contribuer à un projet commun.
la pièce jointe [lapjɛsʒwɛ̃t]	der Anhang	– Tu pourrais m'envoyer les photos en ~? – Oui, bien sûr.

1 employeur **2** en rajoute

Unité 3 | Mots en contexte

le moteur [ləmɔtœʀ]	der Motor, die treibende Kraft	L'Europe reste le ~ de l'économie mondiale.
le soldat [ləsɔlda]	der Soldat	Parmi les morts de la guerre, il y avait beaucoup de jeunes ~[1].
la guerre franco-allemande [lagɛʀfʀɑ̃koalmɑ̃d]	der Deutsch-Französische Krieg *(1870–1871)*	L'Allemagne a gagné la ~.
Guillaume 1er [gijɔmpʀəmje]	Wilhelm I. *erster deutscher Kaiser*	~ s'appelle «Wilhelm I.» en allemand.
l'empereur / l'impératrice [lɑ̃pʀœʀ/lɛ̃peʀatʀis] *m./f.*	der Kaiser / die Kaiserin	Guillaume 1er a été le premier ~ allemand.
la Grande Guerre [lagʀɑ̃dgɛʀ]	der Erste Weltkrieg	La ~ a eu lieu entre 1914 et 1918.
la tranchée [latʀɑ̃ʃe]	*hier:* der Schützengraben	Beaucoup de soldats sont morts dans une ~ à Verdun.
l'armée [laʀme] *f.*	die Armee	Pendant la Première Guerre mondiale, l'~ allemande a lutté contre l'~ française.

la Seconde Guerre mondiale [lasgɔ̃degɛʀmɔ̃djal]	der Zweite Weltkrieg	La ~ a eu lieu entre 1939 et 1945.
occuper [ɔkype]	besetzen	En 1941, les Allemands ont ~² la France.
l'amitié franco-allemande [lamitjefʀɑ̃koalmɑ̃d]	die deutsch-französische Freundschaft	Les échanges entre la France et l'Allemagne sont un résultat de l'~.
l'Union européenne (UE) [lynjɔ̃øʀɔpeɛn] *f.*	die Europäische Union (EU)	Les pays de l'~ discutent sur les questions de demain.
la réunion [laʀeynjɔ̃] → se réunir	die Versammlung, das Treffen	La ~ des parents a lieu mardi prochain.
le Parlement européen des jeunes (PEJ) [ləpaʀləmɑ̃øʀɔpeɛ̃deʒœn]	das europäische Jugendparlament	Le ~, c'est super quand on veut s'engager pour l'Europe.
le traité d'Aix-la-Chapelle [lətʀetedɛkslaʃapɛl]	der Vertrag von Aachen	Tu sais qui a signé le ~?
la technologie numérique [lateknɔlɔʒinymerik]	die digitale Technik	Je veux travailler dans le domaine de la ~.
l'échange scolaire [leʃɑ̃ʒskɔlɛʀ] *m.*	der Schüleraustausch	L'année dernière, j'ai fait un ~.

exporter [ɛkspɔʀte]	exportieren	La France ~³ beaucoup de vin.
la révolution numérique [laʀevɔlysjɔ̃nymeʀik]	die digitale Revolution	La ~ a commencé dans les années 1990.
interroger qn [ɛ̃teʀɔʒe]	jdn befragen	La police a ~⁴ des témoins.
être exclu/e (de qc) [ɛtʀɛkskly]	(von etw.) ausgeschlossen sein	Pourquoi Max est-il ~ du club de natation?
la crise [lakʀiz] 🏴󠁧󠁢󠁥󠁮󠁧󠁿 crisis	die Krise	Leur relation traverse une ~.
le système éducatif [ləsistɛmedykatif]	das Bildungssystem	Le ~ des années 1960 était très différent de celui d'aujourd'hui.
être obligé/obligée de [ɛtʀɔbliʒedə] + *inf.*	gezwungen sein etw. zu tun, etw. tun müssen	De temps en temps, je ~⁵ de faire mes devoirs dans la cuisine.
le numérique [lənymeʀik]	die Informationstechnologie (IT)	Mon père travaille dans le ~.
à venir [avəniʀ]	kommend	Dans les semaines ~, on aura beaucoup de travail.
le web [ləwɛb]	das Internet	Arrête de passer tout ton temps sur le ~.

l'effet [lefɛ] *m.* 🇬🇧 effect	der Effekt, die Auswirkung	Ce documentaire a eu un ~ positif sur la vie des sans-papiers.
le débat [lədeba] 🇬🇧 debate	die Debatte	Les élèves préparent un ~ sur le système éducatif.
public/publique [pyblik] *adj.* 🇬🇧 public	öffentlich, staatlich	Je vais dans une école ~[6].
alors que [alɔʀkə]	obwohl, wohingegen	Pourquoi est-ce qu'elle pleure ~[7] elle devrait être contente?
le risque [ləʀisk] 🇬🇧 risk	das Risiko	J'aime prendre des ~[8].
les données [ledɔne] *f. pl.* → donner qc	die Daten	Remplis ce document avec tes ~ personnelles.
l'avantage [lavɑ̃taʒ] *m.*	der Vorteil, der Nutzen	Un ~ de travailler est de gagner de l'argent.
globalisé/globalisée [glɔbalize] *adj.*	globalisiert	Les produits qu'on peut acheter au supermarché montrent que notre monde est ~.

adopter qn/qc [adɔpte]	jdn/etw. adoptieren, jdn/etw. annehmen, jdn/etw. übernehmen	À 40 ans, il a ~[9] de nouvelles attitudes.
quotidien/quotidienne [kɔtidjɛ̃/kɔtidjɛn] *adj.*	täglich, alltäglich	Ma lecture ~[10], c'est le journal.
le réchauffement climatique [ləʀeʃofmɑ̃klimatik] → chaud	die Klimaerwärmung	Il faut agir contre le ~.
faire le tri sélectif [fɛʀlətʀiselɛktif]	den Müll trennen	Mon père m'a expliqué comment ~.
le tri sélectif [lətʀiselɛktif]	die Mülltrennung	Malheureusement, le ~ n'existe pas dans tous les pays.
les déchets [ledeʃɛ] *m. pl.*	der Abfall	Il y a différentes poubelles pour les ~.
économiser (qc) [ekɔnɔmize]	(etw.) sparen	Depuis que j'ai six ans, j'~[11] pour m'acheter un cheval.
l'énergie [lenɛʀʒi] *f.*	die Energie	Chaque matin, il me faut beaucoup d'~ pour me lever.
renouvelable [ʀənuvələbl] *m./f. adj.* → nouveau	erneuerbar	À l'avenir, les énergies doivent toutes être ~[12].

garantir qc à qn [garɑ̃tir] 🇬🇧 to guarantee	jdm etw. garantieren *wird wie* réagir *konjugiert* ▶Verbes, p.158	Je vous ~[13] que je ne vous donnerai pas de devoirs pendant les vacances.
l'indépendance [lɛ̃depɑ̃dɑ̃s] *f.* 🇬🇧 independence → indépendant	die Unabhängigkeit	Quand on grandit, on gagne de l'~.
énergétique [enɛrʒetik] *m./f. adj.* → l'énergie	Energie-	
les droits de l'homme [ledrwadəlɔm] *m. pl.*	die Menschenrechte	Tout le monde devrait respecter les ~.
la liberté d'expression [labɛrtedɛkspresjɔ̃] → libre	die Meinungsfreiheit	Il faut défendre la ~.
l'égalité homme-femme [legaliteɔmfam] *f.* → être égal/égale	die Gleichberechtigung von Mann und Frau	Nous voulons avoir l'~ dans tous les domaines.

1 soldats 2 occupé 3 exporte 4 interrogé 5 suis obligé/obligée 6 publique 7 alors qu'
8 risques 9 adopté 10 quotidienne 11 économise 12 renouvelables 13 garantis

Unité 3 | Volet 1

scientifique [sjɑ̃tifik] *m./f. adj.* 🇬🇧 scientific	wissenschaftlich	Mon père travaille dans le domaine ~.
entre-temps [ɑ̃tʀətɑ̃]	inzwischen	~, elle a changé d'emploi.
Francfort-sur-le-Main [fʀɑ̃kfɔʀsyʀləmɛ̃]	Frankfurt am Main	
le contrôle [ləkɔ̃tʀol]	die Kontrolle	À Lyon, il y a beaucoup de ~¹ dans le métro.
le/la partenaire [lə/lapaʀtənɛʀ]	der Partner / die Partnerin	Je suis à la recherche d'un ~.
le domaine des transports [lədɔmɛndetʀɑ̃spɔʀ]	das Verkehrswesen	Je m'intéresse au ~.
la SNCF (Société nationale des chemins de fer français) [laɛsɛnseɛf]	die SNCF *staatliche französische Eisenbahngesellschaft*	Tous les trains français appartiennent à la ~.
desservir qc [desɛʀviʀ]	etw. anfahren, anhalten in + *Ort*	Le train ~² trois villes entre Paris et Orléans.

Munich [mynik]	München	~ se trouve dans le sud de l'Allemagne.
via [vja]	via, über	Le train va de Nice à Paris ~ Marseille.
Sarrebruck [saʀbʀyk]	Saarbrücken	De ~ à Paris, on met moins de 2 heures en ICE.
être lié/liée (à qn/qc) [ɛtʀlie]	(mit jdm/etw.) verbunden sein, jdm/etw. nahe stehen	La coopération franco-allemande montre que les deux pays sont très ~[3].
commercial/commerciale/ ! commerciaux *m. pl.* [kɔmɛʀsjal/kɔmɛʀsjo] *adj.* 🇬🇧 commercial	Handels-	Les relations ~[4] entre les deux pays sont bonnes.
et vice versa [evisvɛʀsa]	und umgekehrt	Gaëlle aime Matthieu ~.
la puissance [lapɥisɑ̃s]	die Macht, die Kraft	Les États-Unis sont une grande ~.
faire face à qc [fɛʀfasa]	*hier:* sich etw. stellen, *auch:* etw. die Stirn bieten	Il faut ~[5] conflits.

la concurrence [lakɔ̃kyʀɑ̃s]	die Konkurrenz, der Wettbewerb	La ~ sur le marché des portables est énorme.
américain/américaine [ameʀikɛ̃/ameʀikɛn] *adj.*	amerikanisch	J'adore les séries ~[6].
le chantier [ləʃɑ̃tje]	die Baustelle, *hier:* das Workcamp	Mes amis vont travailler sur un ~ cet été.
la restauration [laʀɛstɔʀasjɔ̃]	die Restauration, die Wiederherstellung	Cette maison est en ~.
la protection [lapʀɔtɛksjɔ̃] 🇬🇧 protection → protéger	der Schutz	La ~ des données est un des grands problèmes d'aujourd'hui.
en même temps [ɑ̃mɛmtɑ̃]	zugleich	Elle fait toujours plusieurs choses ~.
la compétence [lakɔ̃petɑ̃s]	die Kompetenz, die Fähigkeit	Quelles ~[7] faut-il pour ce travail?
particulier/particulière [paʀtikylje/paʀtikyljɛʀ] *adj.* 🇬🇧 particular → spécial	besonderer/besondere/ besonderes, charakteristisch	Elle a une façon ~[8] de chanter.

collectif/collective [kɔlɛktif/kɔlɛktiv] *adj.*	gemeinsam	Le travail en groupe est un travail ~.
fonctionner [fɔ̃ksjɔne] = marcher	funktionieren	Tu peux m'expliquer comment ça ~[10]?
la Provence [lapʀɔvɑ̃s]	die Provence *Region im Südosten Frankreichs*	Dans dix ans, je me vois vivre en ~.
le vestige [ləvɛstiʒ]	der Überrest, die Spur	Dans la vieille ville, on peut voir des ~[11] du passé.
la pluie [laplɥi] → pleuvoir	der Regen	Je n'aime pas la ~, je préfère la neige.
abîmer qc [abime]	etw. beschädigen, etw. ruinieren	Arrête! Tu ~[12] le mur.
être originaire de [ɛtʀɔʀiʒinɛʀdə] → l'origine	aus ... stammen	Mon père est ~ de Bordeaux.
dépenser des calories [depɑ̃sedekalɔʀi]	Kalorien verbrennen	Quand on fait du sport, on ~[13].
la calorie [lakalɔʀi]	die Kalorie	Les bonbons sans sucre ont moins de ~[14].

le parfum [ləpaʀfɛ̃] 🇬🇧 perfume	das Parfüm	Pour Noël, je vais offrir un ~ à mon frère.
à tour de rôle [atuʀdəʀol]	abwechselnd, reihum	Pour s'occuper du bébé, ma tante et son mari dorment ~.
l'Espagne [lɛspaɲ] *f.*	Spanien	Ma copine part toujours en ~ pendant les vacances d'été.
témoigner [temwaɲe] → le témoin	berichten, aussagen	Les reporters cherchent toujours des personnes qui ~¹⁵.
^(ê) **se sentir à l'aise** [səsɑ̃tiʀalɛz]	sich wohl fühlen	Quand Suzie est arrivée en classe, elle s'est tout de suite ~¹⁶.
^(ê) **s'entendre (bien)** [sɑ̃tɑ̃dʀ]	sich (gut) verstehen *wird wie* attendre *konjugiert* ▶ *Verbes, p. 158*	En général, les chats ne ~ pas ~¹⁷ avec les chiens.
avoir du pain sur la planche [avwaʀdypɛ̃syʀlaplɑ̃ʃ] *fam.* = avoir beaucoup de travail	viel (Arbeit) zu tun haben	Ce week-end, j'~¹⁸!
l'expression [lɛkspʀesjɔ̃] *f.* 🇬🇧 expression	der Ausdruck	Tu connais l'~ «tomber dans les pommes»?

ne pas être près de [nəpɑɛtRpRedə] + *inf.*	so schnell etw. nicht tun	Je ~[19] oublier ce que tu as fait!
(ê) **se rendre utile** [səRɑ̃dRytil] → utiliser	sich nützlich machen *wird wie* attendre *konjugiert* ▶ *Verbes, p. 158*	Chez ma grand-mère, je dois toujours ~[20].
le stage [ləstaʒ]	das Praktikum	Maurice voudrait faire un ~ dans un grand journal.
contacter qn [kɔ̃takte] 🇬🇧 to contact	jdn kontaktieren	J'ai ~[21] l'entreprise.
le/la responsable [lə/laREspɔ̃sabl]	der/die Verantwortliche	Il faut absolument appeler la ~ de ce projet.
puisque [pɥiskə]	da	Cela doit être vrai, ~[22] il le dit …
les frais [lefRε] *m. pl.*	die Kosten, die Gebühr	Il faut payer les ~ d'hôtel avant le 30 novembre.
l'hébergement [lebεRʒəmɑ̃] *m.*	die Unterbringung	L'~ à Paris se fera à l'hôtel.
l'assurance [lasyRɑ̃s] *f.*	die Versicherung	Heureusement, l'~ paie le séjour à l'hôpital.

compris/comprise [kõpʀi/kõpʀiz] *adj.*	inklusive, einschließlich	Le cours de surf est ~[23] dans le prix.

1 contrôles 2 dessert 3 liés 4 commerciales 5 faire face aux 6 américaines 7 compétences 8 particulière
9 suffit d' 10 fonctionne 11 vestiges 12 abîmes 13 dépense des calories 14 calories 15 témoignent
16 sentie à l'aise 17 s'entendent ... bien 18 ai du pain sur la planche 19 ne suis pas près d'
20 me rendre utile 21 contacté 22 puisqu' 23 compris

Unité 3 | Volet 2

la différence [ladifeʀãs] 🇬🇧 difference	der Unterschied	Il y a une grande ~ d'âge entre mon frère et moi.
le vasistas [ləvazistas]	das (kleine) Klappfenster	
faire pareil (que) [fɛʀpaʀɛj]	etw. genauso machen (wie)	Mon frère a fait un stage au Canada. Moi, je veux ~.
l'habitude [labityd] *f.*	die Gewohnheit	Mes grands-parents ne changent plus leurs ~[1].
les mouillettes [lemujɛt] *f. pl.*	*Brotstreifen zum Tunken*	

l'œuf à la coque [lœfalakɔk] *m.*	das (weich) gekochte Ei	Je ne sais pas faire la cuisine. Même pas un ~.
en général [ãʒeneʀal] 🇬🇧 generally	normalerweise, im Allgemeinen	– J'adore ce jeu! – Oui, parce qu'~, c'est toi qui gagnes.
la tranche [latʀãʃ]	die Scheibe	– Vous voulez le pain en ~²? – Oui, s'il vous plaît.
découper qc [dekupe]	etw. schneiden, etw. ausschneiden	Il a ~³ un article du journal.
tremper [tʀãpe]	tunken	On peut ~ son croissant dans le café au lait.
drôlement [dʀolmã] *adv.*	ziemlich, ganz schön	Brrr! Ce matin, il fait ~ froid!
l'attention [latãsjɔ̃] *f.*	*hier:* Achtung! *auch:* die Aufmerksamkeit	J'ai une chose importante à vous dire, je demande votre ~, s'il vous plaît.
cuit/cuite [kɥi/kɥit] *adj.*	gekocht	Berk! Les légumes ne sont pas assez ~⁴.
en mettre partout [ãmɛtʀpaʀtu]	alles voll kleckern	Fais attention avec la sauce! Tu ~⁵!

la petite cuillère [lapətitkɥijɛʀ]	der Teelöffel	Une ~ sur la table, ça promet un dessert.
en plastique [ɑ̃plastik]	aus Plastik	Il y a des bouteilles en verre et des bouteilles ~.
le plastique [ləplastik] 🇬🇧 plastic	das Plastik, der Kunststoff	Il y a beaucoup de restes de ~ dans la mer.
le métal [ləmetal] 🇬🇧 metal → métallique	das Metall	Le fer, c'est un ~.
le cornet [ləkɔʀnɛ]	die spitze Tüte, *auch:* die Eiswaffel	Est-ce que tu aimes manger ta glace dans un ~?
à la place de [alaplasdə]	anstelle von, statt	Pour faire du sport, je prends l'escalier ~ l'ascenseur.
le carton [ləkaʀtɔ̃]	der Karton	Regarde ma nouvelle chaise! Elle est en ~.
le ruban [ləʀybɑ̃]	das Band	Autour du cadeau, il y avait un ~ rouge.

faire qc soi-même [fɛʀswamɛm]	etw. selbst machen	On peut demander de l'aide ou le ~.
remplir qc [ʀɑ̃pliʀ]	etw. füllen, etw. ausfüllen *wird wie réagir konjugiert* ▶ *Verbes, p. 158*	Tous les papiers doivent être ~[6] et signés.
le jeu de cartes [ləʒødəkaʀt]	das Kartenspiel	– Quel est ton ~ préféré? – J'aime bien le …
Chut! [ʃyt]	Pst!	~! Ne faites pas de bruit.
le contenu [ləkɔ̃tny] 🇬🇧 content	der Inhalt	La boîte n'a pas de ~.
introduire qn/qc [ɛ̃tʀɔdɥiʀ] 🇬🇧 introduce	jdn/etw. einführen, jdn/etw. einleiten *wird wie construire konjugiert* ▶ *Verbes, p. 159*	Pour ouvrir la porte, il faut ~ la carte.

1 habitudes 2 tranches 3 découpé 4 cuits 5 en mets partout 6 remplis

Unité 3 | Volet 3

le lycée [lɔlise]	das Gymnasium, die gymnasiale Oberstufe	Après le ~, on peut aller à l'université.

l'automne [lotɔn] *m.*	der Herbst	L'~ est ma saison préférée.
le site (web) [ləsit] 🇬🇧 website	die Webseite	Charlotte est photographe. Elle publie ses photos sur son ~.
la seconde [lasgɔ̃d]	*entspricht der 10. Klasse in Deutschland*	J'ai 16 ans et je suis en ~.
le plat principal [ləplaprɛ̃sipal]	der Hauptgang, das Hauptgericht	Pour le dîner, il y a une entrée, un ~ et un dessert.
mot à mot [motamo]	wortwörtlich	Ne traduisez pas ~.
même si [mɛmsi]	auch wenn, selbst wenn	J'aimerais partir un an à l'étranger ~ mes parents ne sont pas d'accord.
éclater de rire [eklatedərir]	in Lachen ausbrechen	Il m'a montré son nouveau look. J'ai ~[1].
couramment [kuramɑ̃] *adv.*	fließend	– Tu parles italien? – Oui un peu, mais pas ~.
différemment [diferamɑ̃] *adv.*	anders	Moi, je ne ferais pas comme ça. Je ferais ~.

autonome [otonɔm] *m./f. adj.*	selbstständig	Maurice n'a pas souvent besoin d'aide. Il est assez ~.
être assis/assise [ɛtʀasi/asiz]	sitzen	Tous les gens qui ~² se sont levés.
faire le tour (de qc) [fɛʀlətuʀ]	um etw. herumgehen, einen Rundgang machen	Tous les soirs, on fait une balade. Souvent, on ~³ du village.
pas grand-chose [pagʀɑ̃ʃoz]	nicht viel, nichts Besonderes	– Qu'est-ce que tu fais ce soir? – ~, je reste à la maison.
craindre que + *subj.* [kʀɛ̃dʀkə]	befürchten, dass ▸*Verbes, p. 159*	Je ~⁴ ils arrivent trop tard.
⁽é⁾ **s'inquiéter** [sɛ̃kjete]	sich Sorgen machen	Ma mère ~⁵ toujours trop.
le carnet de correspondance [ləkaʀnedəkɔʀɛspɔ̃dɑ̃s]	*Mitteilungsheft zur Kommunikation zwischen Eltern und Schulverwaltung*	
carrément [kaʀemɑ̃] *adv. fam.*	total, direkt	Je lui ai ~ dit ce que je pensais de lui.
ne pas avoir classe [nəpaavwaʀklas]	schulfrei haben	Les élèves sont toujours contents quand ils ~.
le Land / ▮ les Länder [ləlɑ̃d/lelɛndəʀ]	das Bundesland	Dans quel ~ est-ce que tu habites?

la balade à vélo [labaladavelo]	die Radtour	Pendant les vacances, j'aime faire des ~.
le mal du pays [ləmaldypεi]	das Heimweh	Quand ils sont loin de chez eux, ils ont souvent le ~.
l'eau gazeuse [logazøz] *f.*	das Mineralwasser mit Kohlensäure	Pour une «Apfelschorle» il faut du jus de pomme et de l'~.
(ê) **se plaindre de qc** [səplε̃dʀ]	sich beklagen über etw. *wird wie* craindre *konjugiert* ▶ *Verbes, p. 159*	Les élèves ~[6] avoir trop de devoirs.
(ê) **s'étonner que** + *subj.* [setɔnekə]	sich wundern, dass	Je m'~[7] qu'il ne vienne pas.
l'eau plate [loplat] *f.*	das stille (Mineral-)Wasser	Je n'aime pas l'eau gazeuse, je préfère l'~.
avoir la chance de [avwaʀlaʃɑ̃sdə] + *inf.*	das Glück / die Möglichkeit haben, etw. zu tun	Elle ~[8] partir à l'étranger.

1 éclaté de rire 2 étaient assis 3 fait le tour 4 crains qu' 5 s'inquiète 6 se plaignent d' 7 m'étonne 8 a la chance de

le genre [ləʒɑ̃ʀ]	das Genre	– Quel est ton ~ de film préféré? – J'adore les films fantastiques!
littéraire [liteʀɛʀ] *m./f. adj.*	literarisch, Literatur-	J'étudie l'histoire ~.
diversifié/diversifiée [divɛʀsifje] *adj.*	vielfältig, vielseitig	Le métier d'acteur est très ~.
la popularisation [lapɔpylaʀisasjɔ̃]	die Popularisierung	La ~ des nouveaux médias présente de nombreux avantages.
le roman graphique [ləʀɔmɑ̃gʀafik]	die Graphic Novel	Le ~ est une forme moderne de bande dessinée.
la bande dessinée, la bédé / la B.D. [labɑ̃ddesine]	der Comic	Ma ~ préférée est «Astérix et Obélix».
l'exemplaire [lɛgzɑ̃plɛʀ] *m.*	das Exemplar	Voici un ~ très rare et donc très cher.
la vente [lavɑ̃t]	der Umsatz, *auch:* der Verkauf	La ~ des livres a permis à l'auteur de gagner sa vie.
large [laʀʒ] *m./f. adj.*	groß, breit	Un ~ public s'intéresse à «Harry Potter».

le festival d'Angoulême (Festival International de la Bande Dessinée d'Angoulême) [ləfestivaldãgulɛm]	*Internationales Comicfestival von Angoulême*	J'aime me déguiser pour le ~.
simplement [sɛ̃pləmã] *adv.* 🇬🇧 simply	einfach	– Comment es-tu entré? – J'ai tout ~ ouvert la porte.
la dédicace [ladedikas]	die Widmung, die (Autoren-) Signatur	C'est mon roman préféré. Et sur la première page, il y a une ~ de l'auteur.
précis/précise [pʀesi/pʀesiz] *adj.* 🇬🇧 precise	genau, exakt, klar	– J'arrive dans l'après-midi. – Tu peux me dire l'heure ~[1], s'il te plaît?
la science-fiction [lasjãsfiksjɔ̃]	die Sciencefiction	«La guerre des étoiles» est un film de ~.
l'autobiographie [lotobjɔgʀafi] *f.*	die Autobiographie	Beaucoup d'auteurs écrivent une ~ sur leur vie.
le regard [ləʀəgaʀ] → regarder	der Blick	Quel ~ as-tu sur notre société?

en direct [ãdiʀɛkt]	live	Est-ce que le match Montréal – Québec est ~?
le coin-lecture [ləkwɛ̃lɛktyʀ]	die Leseecke	J'aime me cacher dans mon petit ~.
le/la scénariste [lə/lasenaʀist] → la scène	der/die (Drehbuch-)Autor/in	Le ~ est un auteur qui invente des scènes de film ou de B.D.
la pensée [lapãse]	der Gedanke	Parfois, je ne comprends pas les ~² de mon professeur.
la bulle [labyl]	die (Sprech-)Blase	Dans une B.D., je regarde d'abord les dessins, ensuite je lis les ~³.
le costume [ləkɔstym]	das Kostüm	– Tu as déjà choisi ton ~ pour le carnaval? – Oui, je veux me déguiser en superhéros.
l'acteur *m.* / **l'actrice** *f.* [laktœʀ/laktʀis]	der/die Akteur/in, *hier:* der/die aktive Mitgestalter/in	Pour une Europe meilleure, devenez ~⁴ du débat politique!
le jury [ləʒyʀi]	die Jury	Le ~ décide qui a gagné.
remettre qc [ʀəmɛtʀ]	etw. verleihen *wird wie* mettre *konjugiert* ▶ Verbes p. 160	À la fin du festival, on ~⁵ les prix.

Marguerite Abouet [maʁɡəʁitabue]	*ivorische Schriftstellerin*	

1 précise   **2** pensées   **3** bulles   **4** acteurs   **5** remet   **6** accueilli

Unité 4 | Mots en contexte

la destination [ladɛstinasjɔ̃] 🇬🇧 destination	das Ziel	Enfin, nous sommes arrivés à notre ~.
le Cameroun [ləkamʁun]	Kamerun	Le ~ est un pays qui se trouve en Afrique centrale.
en miniature [ɑ̃minjatyʁ]	im Miniaturformat	Même les grands aiment jouer avec des trains ~.
l'Afrique centrale [lafʁiksɑ̃tʁal] *f.*	Zentralafrika	L'~ se trouve au centre du continent africain.
la savane [lasavan] 🇬🇧 savannah	die Savanne	Dans la ~ africaine, il y a des éléphants.

sec/sèche [sɛk/sɛʃ] *adj.*	trocken	Quand il ne pleut pas assez, le jardin est ~[1].
la forêt équatoriale [lafɔʀeekwatɔʀjal]	der Regenwald	Beaucoup d'animaux vivent dans la ~.
humide [ymid] *m./f. adj.* 🇬🇧 humid ≠ sec	feucht, nass	Dans un climat ~, les arbres grandissent vite.
l'ouest [lwɛst] *m.*	der Westen	Le soleil se couche à l'~.
le haut plateau [ləoplato]	das Hochland	Du ~, tu peux voir la vallée.
le volcan [ləvɔlkɑ̃] 🇬🇧 volcano	der Vulkan	Presque tous les ~[2] européens ne sont plus actifs.
la ressource [laʀəsuʀs]	die Ressource	Les pays gagnent de l'argent grâce à leurs ~[3].
rare [ʀaʀ] *m./f. adj.* 🇬🇧 rare	selten	C'est une pierre ~. Il n'y en a pas beaucoup.
invoquer qn [ɛ̃vɔke]	*hier:* jdn anrufen *einen Gott, Geist oder Heiligen*	Pour retrouver les objets perdus, on ~[4] Saint Antoine.

l'esprit [lɛspʀi] *m.*	der Geist, der Verstand	À ce moment-là, une idée me traverse l'~.
l'eau du robinet [lodyʀɔbinɛ] *f.*	das Leitungswasser	– Tu veux de l'eau minérale? – Non, je préfère l'~.
changer de couleur [ʃɑ̃ʒedəkulœʀ]	die Farbe ändern	Un caméléon peut ~
couler [kule]	fließen	Le fleuve ~[5] autour de la ville.
régulier/régulière [ʀegylje/ʀegyljɛʀ] *adj.* 🇬🇧 regular	regelmäßig	L'entreprise offre un emploi et un salaire ~[6].
l'eau potable [lopɔtabl] *f.*	das Trinkwasser	– Est-ce qu'on peut boire cette eau? – Oui, c'est de l'~.
la borne-fontaine [labɔʀnfɔ̃tɛn]	der Wasserspender	Il faut marcher jusqu'à la ~ pour avoir de l'eau potable.
la colonie [lakɔlɔni]	die Kolonie	Au 20ᵉ siècle, la plupart des ~[7] ont gagné leur indépendance.
devoir qc à qn [dəvwaʀa]	jdm etw. verdanken	Je ~ ma vie ~[8] ce médecin.

la ligne de chemin de fer [lalindəʃəmɛ̃dəfɛʀ]	die Eisenbahnlinie	Toutes les ~[9] passent par la capitale.
le Camerounais / la Camerounaise [ləkamʀunɛ/lakamʀunɛz]	der/die Kameruner/in	Les habitants du Cameroun s'appellent les ~.
l'origine [lɔʀiʒin] *f.* 🇬🇧 origin	die Herkunft, der Ursprung	Charles Darwin a fait des recherches sur l'~ des hommes.
prononcer qc [pʀɔnɔ̃se] 🇬🇧 to pronounce	etw. aussprechen	C'est parfois difficile de ~ les mots d'une langue étrangère.
le Nigeria [ləniʒeʀja]	Nigeria	Depuis 1991, la capitale du ~ est Abuja.
l'ethnie [lɛtni] *f.*	die Kultur, die Ethnie	Plus de 250 ~[10] vivent au Cameroun.
au moins [omwɛ̃]	mindestens	Il faut avoir ~ 18 ans pour pouvoir entrer dans ce club.
le bulu [ləbulu]	Bulu *Sprache, die in Südkamerun gesprochen wird*	
le bassa [ləbasa]	Bassa *Sprache, die im Zentrum Kameruns gesprochen wird*	

le bamoun [ləbamun]	Bamoun *Sprache, die im Zentrum Kameruns gesprochen wird*	
la religion [laʀəliʒjɔ̃] 🇬🇧 religion	die Religion	Les chrétiens, les musulmans et les animistes ont tous des ~[11] différentes.
le chrétien / la chrétienne [ləkʀetjẽ/lakʀetjɛn]	der/die Christ/in	Ma grand-mère va souvent à l'église. Elle est ~[12].
le musulman / la musulmane [ləmyzylmã/lamyzylman]	der/die Muslim/in	Le vendredi, beaucoup de ~[13] vont à la mosquée.
l'animiste [lanimist] *m./f.*	der/die Animist/in	Les ~[14] croient qu'il y a des esprits dans chaque chose.
l'animisme [lanimism] *m.*	der Animismus	
les ancêtres [lezãsɛtʀ] *m./f. pl.*	die Vorfahren, die Ahnen	Mes grands-parents et leurs parents, ce sont mes ~.
l'être vivant [lɛtʀvivã] *m.*	das Lebewesen	L'animal et l'homme sont des ~[15].
le proverbe [ləpʀɔvɛʀb]	das Sprichwort	Ma tante trouve un ~ pour chaque situation.

la sagesse [lasaʒɛs]	die Weisheit	On dit que la ~ vient avec l'âge.
étudier qc [etydje] → les études	etw. studieren, etw. lernen	Il faut bien ~ pour avoir de bonnes notes.

1 sec 2 volcans 3 ressources 4 invoque 5 coule 6 régulier 7 colonies 8 dois ma vie à
9 lignes de chemin de fer 10 ethnies 11 religions 12 chrétienne 13 musulmans 14 animistes 15 êtres vivants

Unité 4 | Volet 1

le reportage [ləʁəpɔʁtaʒ] → le reporter	die Reportage, der Bericht	Lucile aime regarder des ~[1] sur la vie des animaux.
les quatre coins du monde [lekatʁkwɛ̃dymɔ̃d]	alle Ecken der Welt	Maurice a voyagé aux ~.
situé/située [sitɥe] *adj.*	gelegen	La maison n'est pas bien ~[2]. Il n'y a rien autour.
le rite de passage [ləʁitdəpɑsaʒ]	der Übergangsritus	
adulte [adylt] *m./f. adj.* 🇬🇧 adult	erwachsen	On en reparlera quand tous les ~[3] seront là.

la puberté [lapybɛʀte]	die Pubertät	La ~ est dure pour tous: les jeunes et les parents.
l'épreuve [lepʀœv] *f.*	die Prüfung, die Probe	Pendant toutes les ~[4], elle a gardé espoir.
symbolique [sɛ̃bɔlik] *m./f. adj.* → le symbole	symbolisch	Le président a fait un geste ~.
conduire qn [kɔ̃dɥiʀ]	jdn führen *wird wie* construire *konjugiert* ▶Verbes, p. 159	Ma famille d'accueil m'a ~[5] à plein d'endroits intéressants dans la région.
le féticheur [ləfetiʃœʀ]	der animistische Priester	Le ~ de notre village est très sage.
jusqu'à ce que [ʒyskaskə] + *subjonctif*	bis (dass)	Le père reste avec l'enfant ~[6] il s'endorme.
laisser qn/qc [lese]	jdn/etw. zurücklassen	Mes copains m'ont ~[7] seul avec Pauline.
bander les yeux à qn [bɑ̃delezjø]	jdm die Augen verbinden	Pour me faire une surprise, ils m'ont ~[8].
amer/amère [amɛʀ] *adj.*	bitter	Je déteste le café. C'est trop ~[9].

il fait nuit [ilfɛnɥi]	es ist Nacht	Quand nous sommes sortis du cinéma, ~ déjà ~[10].
la parole magique [lapaʁɔlmaʒik]	das Zauberwort, der Zauberspruch	Il faut dire des ~[11] pour ouvrir cette porte magique.
définitif/définitive [definitif/definitiv] *adj.*	definitiv, endgültig	On prendra la décision ~[12] lundi prochain.
protecteur/protectrice [pʁɔtɛktœʁ/pʁɔtɛktʁis] *adj.* 🇬🇧 protective → protéger	beschützend, Schutz-	Lara a toujours une pierre ~[13] sur elle.
mordre qn [mɔʁdʁ]	jdn beißen *wird wie* attendre *konjugiert* ▶Verbes, p. 158	Quand j'étais petit, un chien m'a ~[14] à la jambe.
de retour à [dəʁətuʁa] + *Ort*	zurück, nach der Rückkehr	~ la maison, je me suis reposé.
le cauri	die Kaurimuschel	
béti [beti] *m./f. adj.*	*der Kultur der Beti zugehörig*	
l'aîné *m.* / **l'aînée** *f.* [lɛne]	der/die Älteste	Dans une famille avec plusieurs enfants, il en a toujours un qui est l'~[15].

responsable (de qn/qc) [ʀɛspɔ̃sabl] *m./f. adj.* 🇬🇧 responsible → la responsabilité	(für jdn/etw.) verantwortlich	Les élèves sont ~[16] de ce projet. Ils décident de ce qu'ils font.
pour que [puʀkə] + *subjonctif*	damit	Faites moins de bruit ~ je puisse travailler.
être dans le besoin [ɛtʀdɑ̃ləbəzwɛ̃]	in Not sein	Nora espère que sa famille ne ~ jamais ~[17].
le parent [ləpaʀɑ̃] → les parents	*hier:* der/die Verwandte	J'ai des ~[18] aux États-Unis.
la première [lapʀəmjɛʀ]	*hier:* die vorletzte Jahrgangsstufe am *Lycée*	Mon frère est entré en ~ l'année dernière.
être bon élève / bonne élève [ɛtʀbɔnelɛv]	ein guter Schüler / eine gute Schülerin sein	Marc a toujours eu des bonnes notes à l'école. Il ~[19].
le bac *fam.* / **le baccalauréat** [ləbakalɔʀea]	das Abi, das Abitur	Je vais passer mon ~ à dix-huit ans.
la médecine [lamedsin] → le médecin	die Medizin	Mon père a fait des études de ~.

la maladie [lamaladi] → malade	die Krankheit	Notre prof d'histoire a eu une ~ grave.
tropical/tropicale/⚠ tropicaux *m.* *pl.* [tʀɔpikal/tʀɔpiko] *adj.*	tropisch	Le climat ~²⁰ est un climat chaud et humide.
le Centre Pasteur du Cameroun [ləsãtʀpastœʀdykamʀun]	*medizinisches Forschungszentrum* *in Kamerun*	Beaucoup de médecins travaillent au ~.
être sûr/sûre de soi [ɛtʀsyʀdəswa]	selbstsicher sein	Rita ~²¹. Elle adore parler devant la classe.
être persuadé/persuadée [ɛtʀpɛʀsɥade]	überzeugt sein, sicher sein	Je ~²² que la France va gagner.
⁽ᵉ⁾ **se réaliser** [səʀealize]	Wirklichkeit werden	Susanne espère que ses rêves vont ~.
pratiquement [pʀatikmã] *adv. fam.* = presque	praktisch, so gut wie	Le cours est ~ fini.
l'uniforme [lynifɔʀm] *m.*	die Uniform	Dans certains métiers, il faut porter un ~.
saluer qn [salɥe]	jdn (be-)grüßen	En France, on se ~²³ souvent avec des bises.

le camfranglais [ləkamfʁɑ̃glɛ]	das Camfranglais *Mischung aus Französisch, Englisch und kamerunischen Nationalsprachen*	Je ne parle pas le ~, mais je le comprends.
le haricot [🔲 ləariko]	die Bohne	J'adore les ~[24] rouges!
la banane plantain / 🔲 **les bananes plantain** [labananplɑ̃tɛ̃/ lebananplɑ̃tɛ̃]	die Kochbanane	Beaucoup de plats africains se mangent avec des ~[25].
le/la docker [lə/ladɔkɛʁ]	der/die Hafenarbeiter/in	Le ~ s'occupe des bateaux.
l'activité [laktivite] *f.* → actif	die (Erwerbs-)Tätigkeit	L'~ de mon oncle lui permet de voyager aux quatre coins du monde.
la limonade [lalimɔnad] 🇬🇧 lemonade	die Limonade	J'adore la ~ quand elle est bien froide et pas trop sucrée.
le manioc [ləmanjɔk]	der Maniok	On cultive le ~ dans plusieurs régions du Cameroun.
le palmier à huile [ləpalmjeaɥil]	die Ölpalme	On ne peut pas cultiver de ~[26] en Europe. Il fait trop froid.

le bâton de manioc [ləbɑtɔ̃dəmanjɔk]	das Maniokbrot	Tu sais comment le ~ est fabriqué?
alternativement [altɛʀnativmɑ̃] *adv.*	abwechselnd	Le matin, mon père et ma mère me conduisent à l'école ~.
bien que [bjɛ̃kə] + *subjonctif*	obwohl	Mon frère s'entraîne avec les joueurs adultes, ~[27] il soit encore trop jeune.
parier [paʀje]	wetten	Hier, ma mère ~[28] avec moi et elle a perdu.
rattraper qn/qc [ʀatʀape]	jdn/etw. einholen, jdn/etw. einfangen	Noah n'arrive pas à ~ sa petite sœur. Elle est trop rapide.
épuisé/épuisée [epɥize] *adj.*	erschöpft	Le soir, Laurent est souvent ~[29] de sa journée.
apprendre qc à qn [apʀɑ̃dʀ]	jdm etw. beibringen	Ma grand-mère m'~[30] à faire la cuisine traditionnelle.
le respect [ləʀɛspɛ] → respecter	der Respekt	J'ai du ~ pour les gens qui s'engagent.

regretter qc [ʀəgʀete] 🇬🇧 to regret	etw. bedauern	Louis ~[31] sa décision de la semaine dernière.
les personnes âgées [lepɛʀsɔnzaʒe] *f. pl.*	die älteren Menschen, die Senioren	Dans le bus, il y a des places spéciales pour les ~.
le savoir [ləsavwaʀ] → savoir qc	das Wissen	Le féticheur a un ~ particulier.
transmettre qc de bouche à oreille [tʀɑ̃smɛtʀdəbuʃaɔʀɛj]	etw. mündlich überliefern *wird wie* mettre *konjugiert* ▶ *Verbes, p. 160*	Avant l'écriture, on ~ les informations ~[32].
le vieillard [ləvjɛjaʀ] → vieux	der alte Mann, der Greis	Il a 102 ans. C'est un ~.

1 reportages 2 située 3 adulte 4 épreuves 5 conduit 6 jusqu'à ce qu' 7 laissé 8 bandé les yeux 9 amer 10 il faisait déjà nuit 11 paroles magiques 12 définitive 13 protectrice 14 mordu 15 aîné 16 responsables 17 ne sera jamais dans le besoin 18 parents 19 était bon élève 20 tropical 21 est sûre d'elle 22 suis persuadé/persuadée 23 salue 24 haricots 25 bananes plantain 26 palmiers à huile 27 bien qu' 28 a parié 29 épuisé 30 a appris 31 regrette 32 transmettait … de bouche à l'oreille

le lion [ləljɔ̃] 🇬🇧 lion	der Löwe	Les ~[1] n'ont pas peur parce que ce sont eux les plus forts.
l'équipe nationale [lekipnasjɔnal] *f.*	die Nationalmannschaft	C'est mon rêve de jouer dans l'~ du Cameroun!
surnommer qn [syʀnɔme] → le nom	jdm einen Spitznamen geben	Nous avons ~[2] Yannick «le grand» parce qu'il est très grand.
indomptable [ɛ̃dɔ̃tabl] *m./f. adj.*	unzähmbar, nicht zu bändigen	Beaucoup d'animaux sont ~[3].
le quart de finale / ⚠ les quarts de finale [ləkaʀdəfinal/lekaʀdəfinal]	das Viertelfinale	La France a gagné en ~!
la Coupe du monde [lakupdymɔ̃d]	die Weltmeisterschaft	Mes amis et moi, on regarde les matchs de la ~ ensemble.
le champion / la championne olympique [ləʃɑ̃pjɔ̃/laʃɑ̃pjɔnɔlɛ̃pik]	der/die Olympiasieger/in	J'espère que le Cameroun sera ~ de football cette année!
remporter qc [ʀɑ̃pɔʀte]	*hier:* etw. gewinnen	Hier, Louis ~[4] le match de tennis.
la CAN (la Coupe d'Afrique des Nations) [lakan/lakupdafʀikdenasjɔ̃]	der Afrika-Cup ▶ *Civilisation, p. 155*	

l'attaquant *m.* / **l'attaquante** *f.* [latakɑ̃/latakɑ̃t] → l'attaque ≠ la défense	der/die Angreifer/in, der/die Stürmer/in	L'~[5] de l'équipe de France court très vite.
mettre fin à qc [mɛtʀfɛ̃a] = arrêter	etw. beenden	Le directeur a ~[6] la discussion.
certains/certaines [sɛʀtɛ̃/sɛʀtɛn]	gewisse, manche, bestimmte	~[7] amis n'ont pas bien réagi à la nouvelle.
le choc [ləʃɔk]	der Schock	L'accident a été un ~ pour Hélène.
l'aîné *m.* / **l'aînée** *f.* [lɛne]	*hier:* der/die Vorgänger/in	On peut dire que Roger Milla est l'~ de Samuel Eto'o.
le buteur / **la buteuse** [ləbytœʀ/labytøz] → le but	der/die Torjäger/in, der Torschütze / die Torschützin	Il faut beaucoup s'entraîner pour devenir un bon ~.
la sélection [laselɛksjɔ̃] 🏴 selection	die Auswahl, das Aufgebot	La ~ des footballeurs pour chaque match n'est pas facile.
le footballeur / **la footballeuse** [ləfutbolœʀ/lafutboløz]	der Fußballer / die Fußballerin	Lara va faire une belle carrière de ~[8].

lorsque [lɔʀskə] = quand	als, wenn	~[9] il fera beau, nous ferons un tour en ville.
le recruteur / la recruteuse [ləʀəkʀytœʀ/laʀəkʀytøz]	der Talentscout	Aujourd'hui, il y aura un ~ qui veut vous voir jouer.
le visa [ləviza] 🇬🇧 visa	das Visum	Il faut avoir un ~ pour entrer dans certains pays.
le papier [ləpapje] 🇬🇧 paper	das Papier, das Dokument	Prenez une feuille de ~ et écrivez votre nom.
repartir [ʀəpaʀtiʀ] → partir	wieder aufbrechen, wieder zurückkehren *wird wie* sortir *konjugiert* ▶ *Verbes, p. 158*	Après un long voyage en Afrique, Sara est ~[10] en France.
différent/différente [difeʀɑ̃/ difeʀɑ̃t] *adj.* 🇬🇧 different → la différence	unterschiedlich, verschieden	Les enfants de ma classe viennent de ~[11] pays.
le scrupule [ləskʀypyl]	der Skrupel, das Bedenken	Le gangster agit sans ~[12].
la somme [lasɔm]	die Summe, der (Geld-)Betrag	Les grands-parents de Sophie ont payé une énorme ~ pour leur maison.

la tontine [latɔ̃tin]	*westafrikanisches Mikrokreditsystem*	Beaucoup d'Africains empruntent de l'argent de la ~.
abandonner qn/qc [abɑ̃dɔne]	jdn/etw. verlassen, jdn im Stich lassen	C'était un moment difficile pour moi. Et vous m'avez ~[13]!
abandonner qn à son triste sort [abɑ̃dɔneasɔ̃tʀistəsɔʀ]	jdn seinem (traurigen) Schicksal überlassen	On a dit bonne chance à Paul. Puis, on l'a ~[14].
eh bien [ebjɛ̃]	na, naja	– Quand est-ce que tu rentres? – ~, quand j'aurai fini!
être en règle [ɛtʀɑ̃ʀɛgl]	in Ordnung sein, gültig sein	La police veut savoir si les papiers ~[15].
rendre qc à qn [ʀɑ̃dʀə]	jdm etw. zurückgeben *wird wie* attendre *konjugiert* ▶ *Verbes, p. 158*	Tu me ~[16] mon livre d'anglais, s'il te plaît?
la honte [laɔ̃t]	die Schande	Pendant le concert d'été, on a vraiment mal chanté. Quelle ~!
futur/future [fytyʀ] *adj.* → le futur	zukünftig	Je suis sûr que Karla sera la ~[17] championne de natation.
mineur/mineure [minœʀ] *adj.* 🇬🇧 minor	minderjährig	Les footballeurs ~[18] jouent dans l'équipe U17.

le centre de formation [ləsɑ̃tʀdəfɔʀmasjɔ̃]	das Ausbildungszentrum	Dans un ~, les jeunes s'entraînent pour devenir des footballeurs professionnels.
l'industriel *m.* / l'industrielle *f.* [lɛ̃dystʀijɛl]	der/die Industrielle, der/die Großunternehmer/in	Les ~[19] ont un pouvoir économique.
former qn [fɔʀme] → la formation	jdn ausbilden	Le Cours Florent est une école privée à Paris qui ~[20] des acteurs.
ancien/ancienne [ɑ̃sjɛ̃/ɑ̃sjɛn] *adj.* 🏴 ancient	ehemalig	Mon professeur est un ~ footballeur.
importer qn/qc [ɛ̃pɔʀte] 🏴 to import	etw. importieren, etw. einführen	Beaucoup de pays ~[21] des fruits exotiques.
talentueux/talentueuse [talɑ̃tɥø/talɑ̃tɥøz] *adj.*	talentiert, begabt	Ma sœur est une footballeuse très ~[22].
fournir qc [fuʀniʀ]	etw. liefern, hervorbringen *wird wie réagir konjugiert* ▶ *Verbes, p. 158*	Mario a dû ~ des preuves à la police.
le Ghana [ləgana]	Ghana	
la Côte d'Ivoire [lakotdivwaʀ]	die Elfenbeinküste	

| le **Sénégal** [ləsenegal] | der Senegal | La capitale du ~, c'est Dakar. |

1 lions 2 surnommé 3 indomptables 4 a remporté 5 attaquant/attaquante 6 mis fin à 7 Certains 8 footballeuse
9 Lorsqu' 10 repartie 11 différents 12 scrupules 13 abandonné(e) 14 abandonné à son triste sort
15 sont en règle 16 rends 17 future 18 mineurs 19 industriels 20 forme 21 important 22 talentueuse

Module D

le **poète** / la **poétesse** [ləpɔɛt/lapɔetɛs]	der/die Dichter/in	Johann Wolfgang von Goethe a été un célèbre ~ allemand.
le **déjeuner du matin** [lədeʒœnedymatɛ̃]	*hier:* das Frühstück	Nous avons invité les voisins au ~.
la **tasse** [latɑs]	die Tasse	Tu préfères un verre ou une ~?
le **café au lait** [ləkafeolɛ]	der Milchkaffee	Je voudrais un ~, s'il vous plaît.
la **petite cuiller** (*auch:* **petite cuillère**) [lapətitkɥije]	der Teelöffel	Cette cuillère est assez grande. As-tu une ~ pour moi?
tourner qc [tuʁne]	*hier:* etw. umrühren	Il faut ~ la soupe avec une cuillère.
reposer qc [ʁəpoze]	*hier:* etw. abstellen, etw. zurückstellen	Il a bu un peu, après il a ~[1] le verre.

la cigarette [lasigaʀɛt]	die Zigarette	Tu as déjà fumé une ~?
le rond [ləʀɔ̃]	der Kreis, Ring	Avec la cigarette, on peut faire des petits ~² de fumée.
la fumée [lafyme]	der Rauch, Qualm	Le feu produit de la ~.
la cendre [lasɑ̃dʀ]	die Asche	Il ne reste que des ~³.
le cendrier [ləsɑ̃dʀije]	der Aschenbecher	Mets les cendres dans le ~, s'il te plaît.
le manteau de pluie [ləmɑ̃todəplɥi]	der Regenmantel	Il va pleuvoir, mets ton ~!
le manteau [ləmɑ̃to]	der Mantel	Mon père porte un ~ long et noir.
sans une parole [sɑ̃zynpaʀɔl]	ohne ein Wort	Il est parti ~.
la batterie [labatʀi]	*hier:* die Batterie (*auch:* das Schlagzeug)	Attends, je t'appelle plus tard, je n'ai plus de ~.
chiller [ʃile] *fam.*	chillen	J'ai ~⁴ avec mes amis.
le contrôle [ləkɔ̃tʀol]	*hier:* der Test, die Prüfung	Oh non, j'ai raté le ~ de maths!

1 reposé   2 ronds   3 cendres   4 chillé

À plus! **5** *Nouvelle édition* **Gymnasium Bayern**
Vokabeltaschenbuch

Im Auftrag des Verlages erarbeitet von der Redaktion Französisch: Sandra Brandstetter

Abbildungen: Cover: stock.adobe.com/Balate Dorin; Flaggen: shutterstock.com/Luis Molinero

Umschlaggestaltung und Layoutkonzept: werkstatt für gebrauchsgrafik, Berlin
Layout und technische Umsetzung: graphitecture book & edition

www.cornelsen.de

1. Auflage, 1. Druck 2022

Alle Drucke dieser Auflage sind inhaltlich unverändert und können im Unterricht nebeneinander verwendet werden.

© 2022 Cornelsen Verlag GmbH, Berlin

Druck: H. Heenemann, Berlin

ISBN 978-3-464-24726-6

PEFC zertifiziert
Dieses Produkt stammt aus nachhaltig bewirtschafteten Wäldern und kontrollierten Quellen.
www.pefc.de